València

Triangle▸Books

Unbedingt València

Text **Jaime Millás**

Unbedingt
València

4

València, eine Mittelmeerstadt mit

2000 Jahren Kultur- und Sozialgeschichte, die ihren künstlerischen Nachlass und die wundervolle Natur am Leben erhält. València ist gotisch, barock, modernistisch und zeitgenössisch. Und es ist eine arabische Stadt, wenn auch von dem Erbe der Mauren nur wenig übrig blieb. Auch die Römer und Westgoten haben sichtbare Spuren hinterlassen, ebenso die Iberer in den Bergen der Umgebung.

Eine zum Meer hin offene Stadt, die im 15. Jh. den Mittelmeerhandel sowie die politischen und kulturellen Aktivitäten der Krone von Aragonien beherrschte. Das Schicksal des Vatikans lag in jener Zeit in den Händen der Valencianer Borja (Kalixt III. und Alexander VI.)

Die Börse der Händler (Llotja) ist die gotische Ikone dieser geopolitischen Vormachtstellung und ein Meisterwerk der Architektur, das von der Unesco zum Weltkulturerbe erklärt wurde. Auch die Kathedrale zeugt von dieser Glanzzeit. Ihre soliden Mauern beherbergen den heiligen Gral und die wundervollen gotischen Retabel, und auch die gotischen Retabel in den Sälen des Museums der schönen Künste zeugen von jener Epoche.

Im architektonischen Nachlass Valencias sind alle Architekturstile zu finden, da viele verschiedene Kulturen auf ihren

Die Seidenbörse

Meeresrouten, auf der alten Römerstraße und auf anderen Wegen durchs Binnenland hierher kamen. Die Stadt befindet sich 9.090 km von der Seidenstraße entfernt. Jedes Jahr erinnern während der Fallas die Seidenkleider der Falleras an diese wichtige industrielle Tradition.

Man verspürt den südlichen Lebensstil in den Straßen, auf den Plätzen, in den Restaurants und auf den Märkten. Das kosmopolitische Leben ist der Vielzahl von Besuchern zu verdanken, die den Nachlass der Vergangenheit ebenso wie den neuen Urbanismus bewundern. Es ist ein wunderschönes Erlebnis, sich València anzusehen. Die Stadt ist voller Nuancen und Kontraste.

Die große historische Altstadt voller barocker Gebäude ist ein Teil ihrer Identität. Das Aposteltor der Kathedrale, an der man den Einfluss von Bernini spürt, die Kirche Sant Miquel dels Reis, die Pfarrkirche Sant Joan del Mercat gegenüber von La Llotja, die Kirche Sant Nicolau und andere Kirchen und Paläste beweisen, mit welcher Begeisterung die valencianischen Meister und Künstler sich dem Barockstil verschrieben hatten. Sie wussten in vielen Fällen die gotische und mittelalterliche Grundlage mit der neuen architektonischen und dekorativen Haut des barocken Geistes zu überziehen.

Kathedrale

In der Übergangszeit zwischen dem 19. und 20. Jh. erlebte València eine historische Epoche voller tiefer Veränderungen. Die Umgestaltung der Stadt wurde durch das Wirtschaftswachstum bestimmt, das dem Handel mit Zitrusfrüchten und der Industrialisierung bestimmter Handwerke zu verdanken war. Die Mauer, die seit der Epoche der Araber die Altstadt schützte, wurde abgerissen, und so entstanden Stadterweiterungen voller wundervoller modernistischer und negotischer Gebäude. Francesc Mora war der Architekt, der damals in Mode war. Seiner Phantasie und technischen Fertigkeiten sind der Nordbahnhof (Estació del Nord), die Renovierung des Rathauses, der Ausstellungspalast, die Markthalle Mercat de Colom und zahlreiche großbürgerliche Wohngebäude zu verdanken.

Nach einer tragischen Überschwemmung im 20. Jh. beschloss die Stadtverwaltung, den Fluss Túria aus der Stadt herauszuleiten und das Flussbett wurde, da die Anwohner und Berufskammern viel Druck ausübten, in eine große Parkanlage für Freizeit und Sport umgestaltet. Der Kulturkomplex Stadt der Künste und der Wissenschaftens ist heute das Ikon der Modernität und Innovation des zeitgenössischen Valencias, und er stellt eine der neuen Nutzungsarten des Flusses ohne Wasser da, den man Jardins del Túria nennt.

Nordbahnhof (Estació del Nord)

In València, der politischen Hauptstadt der Autonomen Gemeinschaft València, befinden sich die 1982 genehmigten Institutionen zur Selbstregierung. Es handelt sich um eine offiziell zweisprachige Gesellschaft. Deshalb findet man auch häufig Schilder von Straßen und Geschäften mit doppelter Benennung, Spanisch und Valencianisch. València ist nach der Einwohnerzahl (um die 800 000) die drittgrößte Hauptstadt Spaniens, und jedes Jahr empfängt die Stadt eine Million achthunderttausend Besucher. Es handelt sich um eines der beliebtesten Touristenziele in Spanien.

Die Besucher kommen insbesondere wegen des kulturellen Angebots der 47 Museen und der wunderschönen Küste voller Sandstrände, Dünen und Kiefernhaine. Sie schätzen den Reichtum der Natur, das frische Gemüse und die Orangen aus den Gärten. In dieser Mittelmeerstadt spielt sich ein Großteil des Lebens der Menschen auf der Straße ab. Das Wetter ist meist sehr gut, mit einer Durchschnittstemperatur von 19,2 ºC. Diese Stadt bietet den Menschen, die sie zum Leben wählen, viele Möglichkeiten, auch, wenn man nur ein paar Tage dort ist.

Stadt der Künste und der Wissenschaften

Ciutat Vella
Das Herz der Stadt

Stich von A. Guesdon, *Valencia aus der Vogelperspektive* von 1858. Archiv Huguet - Sammlung L. Giménez Lorente

Das Zentrum der Altstadt, der Ciutat Vella, unterteilt sich in vier Viertel: La Seu, La Xerea, El Carme, El Mercat, Sant Francesc und El Pilar (auch als Velluters bezeichnet). Der Verlauf der einstigen Stadtmauer, die von den christlichen Königen errichtet wurde, bildet die Grenze zu den modernen Vierteln der Stadterweiterung, die nach dem Abriss entstanden. In der historischen Altstadt blieben noch kleine Abschnitte der arabischen Stadtmauer erhalten. Im Lauf der Zeit entstanden zwei Stadtteile, ein vornehmeres, in dem die Kirche und Behörden zu finden sind, und ein anderes mit Märkten und Handwerkern.

La Seu

Historischer Kern der Stadt, der die beeindruckende Kathedrale La Seu umgibt. Die Römer wählten diese Zone, um Valentia zu gründen. Die Westgoten und die Araber verstärkten ihre Bedeutung. In der Epoche der Christen wurde dieses Viertel zum Herzen der Stadt.

Die zivilen und religiösen Gewalten von València hatten hier ihre Institutionen. Deshalb sieht man hier schönsten Gebäude und kann die wichtigsten Sitten und kulturellen Traditionen der Stadt kennen lernen.

Im Norden grenzt das Viertel an den Park Túria, im Süden an die Straße La Pau, im Osten an die Straße Avellanes und im Westen an Serrans. Es nimmt die Zone einer Insel ein, die es einst im Fluss gab. Der Flussarm, der das Viertel umgab, trocknete später aus. Die Straßen des Viertel liegen etwas höher als die anderen in der Ciutat Vella. Von der arabischen Vergangenheit blieben nur das Straßenmuster und die Ruinen der großen Moschee und des Alcàsser erhalten, die unter der Kathedrale und dem Palast des Erzbischofs begraben sind.

El Micalet

Der größte Kirchturm des mittelalterlichen Valencias, der von Andrés Juliá nach dem Vorbild der Kirchen Kataloniens und des Languedoc errichtet wurde. Eine Treppe mit 207 Stufen führt auf die Dachterrasse auf 51 Meter Höhe. Der höchste Punkt des Turms ist fast 60 Meter hoch. Jahrhundertelang war der Turm der beste Aussichtspunkt auf die Stadt, die Gärten und das Meer. Seit dem 15. Jh. klingen die Glocken des Turms an Festtagen.

Tribunal de les Aigües

Jeden Donnerstag versammelt sich das Wassergericht (Tribunal de les Aigües) an dem Portal Porta dels Apòstols der Kathedrale, um Konflikte über die Verteilung des Wassers zu schlichten, das aus dem Netz der arabischen Bewässerungsgräben stammt. Dieses Gericht, das schon seit 1000 Jahren existiert, wurde zum Weltkulturerbe erklärt.

← Plaça de la Reina. El Micalet und La Seu

Straße Micalet

Tribunal de les Aigües

↑ **Santa Caterina. Gotische Fassade zum Platz Lope de Vega** ↓ **Orxateria Santa Catalina**

Santa Caterina

Eine Moschee, in eine gotische Kirche
verwandelt, die nach der Eroberung
durch die Christen unter dem König
Jakob I. geweiht wurde. Der barocke
Kirchturm, ein Werk von Joan Baptista
Vinyes, wurde zwischen 1686 und 1704
errichtet. Der sechseckige Grundriss
erinnert an die architektonischen Lini-
en des Turms Miguelete. Die Glocken
wurden 1729 in London geschmiedet,
und 1914 kam ein Uhr hinzu, die vor
kurzem bei einer Renovierung wieder
entfernt wurde, um dort die alte Glocke
aufzuhängen.

Vor dem Glockenturm wurde im
19. Jh. die Straße de la Pau geöffnet.
So wurde die Verbindung zwischen
dem Stadtzentrum und der inneren
Umgehungsstraße und dem Meer deutlich verbessert. Auch entstand durch
diese neue Straße eine der schönsten
Ansichten der historischen Altstadt:
der barocke Kirchturm Santa Caterina
im symmetrischen Zentrum der modernen Straße.

Gotisches Kirchenschiff von Santa Caterina

Orxateries

Bei Santa Caterina befindet sich die
gleichnamige *Orxateria* (Trinkhalle),
in der *Orxata* mit *fartons* (Brötchen),
Llet Merengada und Schokolade mit
Bunyols an Marmortischen mit Eisen-
füßen serviert wird. *Orxata* ist ein sü-
ßes Erfrischungsgetränk, das aus Erdmandeln aus den Gärten von Alboraia
zubereitet wird (siehe seite 115).

Barocker Glockenturm von Santa Caterina

↑ **El Micalet und die Plaça de la Reina**   ↓ **Gotisches Aposteltor**

Kathedrale

Man begann 1262 mit der Errichtung der Kathedrale auf einer alten Moschee. Die Bauarbeiten dauerten bis in das 18. Jh., eine Zeit, in der die Gotik zu Ende ging. Glücklicherweise hat sie heute wieder ihr ehemaliges Aussehen. Die Kathedrale ist das wichtigste religiöse Gebäude der Stadt. Sie besteht aus drei Schiffen und einer vieleckigen Apsis, die von einem Tambour mit sechzehn Fenstern gedeckt ist. Die Bauarbeiten wurden von dem Meister Arnau nach den Regeln der Frühgotik begonnen. Sie wurden 1702 im der Epoche des Barocks abgeschlossen, mit Eingriffen von Konrad Rudolf und Francesc Vergara.

Man kann die Stilmischung an den drei Pforten erkennen: das Tor des Palau, aus einer archaischen Romanik in Verbindung mit der Frühgotik entstanden, das Tor der Apostel in reiner Gotik und das Eisentor, Porta dels Ferros, im Barockstil. Dieses letzte Tor erinnert an den romanischen Stil des wunderbaren Bildhauers Bernini.

Sie müssen unbedingt die schöne Kapelle des heiligen Grals (Sant Calze) besuchen. Die Reliquie des heiligen Grals befindet sich seit 1437 in der Seu. Sie wird im Zentrum eines Altars gezeigt, umgeben von Alabasterreliefen des Italieners Julià lo Florentí (Giuliano di Giovanni da Poggibonsi). Das ist dem Einfluss der Familie Borja im Episkopat zu verdanken, eine Familie, die Kalixt III. und Alexander VI. in den Vatikan brachte.

Romanisches Tor am Palau und das majestätische Kuppelgewölbe

Kapelle des heiligen Kelches (Sant Calze)

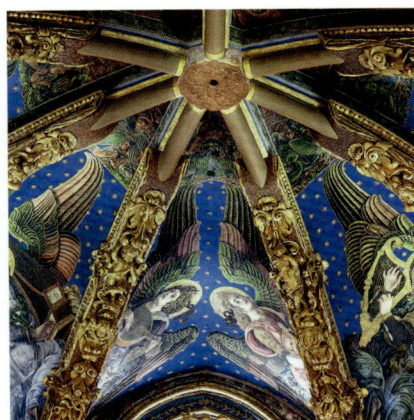

Schlussstein über dem Altar

↑ Platz Mare de Déu   ↓ Kuppel der Basilika Mare de Déu dels Desemparats

Plaça de la Mare de Déu

Fußgängerzone, in deren Gebäuden sich die Institutionen der Stadt befinden. Auf den Ruinen des mittelalterlichen Rathaus erhebt sich die Presidència de la Generalitat. Gegenüber die Kirche Mare de Déu dels Desemparats, Schutzpatronin der Stadt, und die Kathedrale, Stadtsitz des Erzbischofs. An den beliebtesten Festen des Jahres füllt sich der Platz mit Menschen und Blumen.

Der Palau de la Generalitat ist ein gotisches Gebäude, das die regionalen politischen Kräfte repräsentiert. Die große gotische Kathedrale zeigt die Macht der Kirche. Die Basilika Mare de Déu dels Desemparats ist das Zentrum der Frömmigkeit des Volkes. Der Neptunbrunnen ist eine Hommage an das Netz der Bewässerungsgräben arabischen Ursprungs.

Die Basilika ist durch einen anmutigen Renaissancebogen mit der Kathedrale verbunden. In diesem Heiligtum wird *La Geperudeta* (die kleine Buckelige) verehrt. Das ovale Innere der Basilika duftet nach Blumen und Weihrauch. Sie wurde zwischen 1652 und 1667 von Diego Martínez Ponce erbaut. Das wunderschöne Gewölbe ist ein Werk von Antonio Palomino.

Palau de la Generalitat

Die zivile mediterrane Gotik ist perfekt in diesem Gebäude, dem offiziellen Sitz des Präsidenten der Comunitat Valenciana, erkennbar. Pere Compte begann mit der Errichtung des Gebäudes 1418 und beendete es Mitte des 20. Jh. Der Sala Daurada mit einer Renaissance-Holzvertäfelung und der Sala de Corts sind der Politik und dem Gesellschaftsleben vorbehalten. Der zentrale Innenhof besitzt große Bögen und eine Ehrentreppe.

Palau dels Borja

Die Corts Valencianes befinden sich im Palau Benicarló, den man auch als Los Borja bezeichnet. Anfangs war er der Palast der Herzöge von Gandia in València. Die letzte Umgestaltung wurde von den Architekten Manuel Portaceli und Carlos Salvadores durchgeführt. In seinem Garten wachsen eine über 150 Jahre alte Birkenfeige und ein Ableger des Anne-Frank-Baums.

Palau de la Generalitat

Palau dels Borja

Palast des Marqués de Campo

Museum Marqués de Campo

Es befindet sich in einem Palast, den die Herzoge von Villahermosa im 18. Jh. gegenüber dem des Erzbischofs errichteten. Als man den Königspalast (Palau Reial) errichtete, wurde er zum Statthalterpalast (Capitanía General). Danach war er Wohnsitz des ehemaligen Bürgermeisters der Stadt, Marqués de Campo. Hier befindet sich die Pinakothek des Stadtmuseums (Museu de la Ciutat).

Erzbischofspalast

Ein Bauwerk von Vicente Traver, das 1941 den alten, 1936 abgebrannten Palast ersetzte. Er zeigt sich in einem historizistisch neobarocken Stil mit Anklängen aus Sevilla, der sich stark von dem architektonischen Erbe des Viertels unterscheidet. Hinter der Ziegelsteinfassade befinden sich ein Mezzanin mit großen Fenstern, eine Beletage mit Balkonen und ein zentraler Körper mit dekorativen Elementen. Die Residenz des Erzbischofs ist über eine Brücke in der Straße Barcella mit der Kathedrale verbunden.

Erzbischofspalast und Bogen in der Straße Barcella

L'Almodí

Als València arabisch war, wurde dieser Getreidespeicher für die Versorgung der Stadt errichtet. Er wurde im 15. Jh. modernisiert und hat den Grundriss einer Basilika mit drei Schiffen. Heute befindet sich hier ein städtischer Ausstellungssaal. Davor diente er als Paläontologisches Museum. Das Wort Almodí ist ein Gewichtsmaß.

Museum und archäologische Fundstätte L'Almoina

Hier waren die Ursprünge der Stadt, als Rom Valentia gründete (138 v. Chr.) In diesem Museum werden Zeugnisse der Stadt aus der Zeit der Römer, der Westgoten und der Araber gezeigt. Unter dem Platz des Decimus Iunius Brutus, eines römischen Feldherrn, befinden sich die Überreste der Thermen und Römerstraßen, der westgotischen Basilika und des islamischen Palastes. Diese Ruinen wurden bei Ausgrabungen im Jahr 1985 entdeckt.

Krypta Sant Vicent Màrtir

Sie befindet sich im Erdgeschoss eines modernistischen Gebäudes und gehörte einst zur westgotischen Kathedrale. Der Legende nach wurde der Heilige hier gefangen gehalten und starb 304 n. Chr. Der Leichnam des ersten Valencianischen Heiligen wurde in das Viertel Sant Vicent de la Roqueta gebracht, wo die Mozaraber den Kult an den Heiligen fortsetzten.

L'Almodí

Krypta Sant Vicent Màrtir

Archäologiezentrum Centre Arqueològic de L'Almoina

↑ **Straße Cavallers** ↓ **Innenhof im Palast Mercader**

Straße Cavallers

Einer der Hauptverkehrswege, um die historische Altstadt zu erreichen. Die städtische Eleganz der gotischen und barocken Paläste blieb erhalten (Fuentehermosa, Malferit, Alpont, Centelles). Eines der beliebtesten Wohngebiete des Valencianischen Adels. Die engen Gassen erinnern an die Straßen der gotischen Viertel von Barcelona und Palma de Mallorca. Die auffallende Architektur der Innenhöfe teilt sich heute den Raum mit dem lebendigen Nachtleben in den Lokalen, Weinstuben und Restaurants. València in seiner Blütezeit zwischen dem 15. und 16. Jh. fand in dieser Straße das beste Schaufenster für sein höfisches und kultiviertes Leben. Die Straße führt aus der Stadt in Richtung Westen.

Die Plätze Negret, Correu Vell und Sant Nicolau

Die Menschen, die durch die Straße Cavallers gehen, kommen zum Platz Negret, wo man draußen vor den Lokalen etwas trinken kann. Der Platz verdankt seinen Namen der Skulptur des Brunnens, der als erster im Jahr 1850 die Altstadt mit Trinkwasser versorgte.

Correu Vell ist ein weiterer kleiner Platz an der Straße Cavallers. Er ist ruhig, denn es gibt keine Terrassenlokale. In dem ersten Stadtplan, den der pater Tosca 1704 anfertigte, sah man schon diesen Platz. Die Sakristei der Kirche Sant Nicolau reicht bis hierher. Die Haupttüren der Kirche öffnen sich auf einen anderen Platz, der ihren Namen trägt.

Platz Negret

Platz Correu Vell

Platz Sant Nicolau

Die Kirche Sant Nicolau und Sant Pere Màrtir

Nach ihrer Restaurierung vor kurzer Zeit handelt es sich um eine der schönsten barocken Kirchen Valencias. Die prachtvollen Originalmalereien von Dionís Vidal, die in dem langen Gewölbe von Antonio Palomino entworfen und mit viel Geschick restauriert wurden, rechtfertigen es, von der kleinen sixtinischen Kapelle Valencias zu sprechen.

Obwohl es sich um eine der ersten sieben Kirchen handelt, die nach der Eroberung durch die Christen im 13. Jh. auf dem Grundstück einer Moschee errichtet wurde, handelte es sich immer um eine reiche Pfarrkirche in der Straße des Adels. Deshalb konnte die Kirche auch stets erweitert werden. Die erste Renovierung fand 1455 statt, als der Dichter und Arzt Jaume Roig für ihren Erhalt zuständig war.

Zu einem zweiten Eingriff kam es Ende des 17. Jh. durch den Architekten des Barock Pérez Castiel, der jedoch das gotische Gewölbe erhielt, im Gegensatz zu anderen Kirchen in der Stadt, in denen man es in jener Epoche verbarg. Während dieser Renovierung entstanden die Gemälde am Gewölbe, die das Leben und die Wunder der beiden Schutzheiligen Petrus von Verona und Nikolaus von Myra zeigen. Über der Tür der Kommunionskapelle portraitierte Vidal seinen Meister als Hommage, und Palomino tat das gleiche mit seinem Schüler.

Die Kirche hat den einfachen Grundriss der Frühgotik. Sie teilt sich die Mauern mit den benachbarten Palästen und Häusern, deshalb hat sie keine Fassade zur Straße Cavallers.

Nikolaus von Myra

Barocke Fresken über gotischem Gewölbe

La Xerea

Dieses Viertel ist ruhiger und luftiger als La Seu. Auch das Straßenmuster ist zweckmäßiger. Es gibt zahlreiche Konvente, Bürgerhäuser und Paläste, die von der Stadtverwaltung restauriert wurden.

Von der Straße Avellanes aus zieht es sich nach Osten zu dem Park Jardins de La Glorieta, dem Platz Tetuan und der nicht mehr vorhandenen militärischen Festung. Im Norden grenzt es an den Park Túria und im Süden an die Geschäftsstraße de la Pau. In der Vergangenheit waren dies das jüdische Viertel und eine arabische Siedlung mit eigenem Markt und Friedhof. Der Name *Xerea* stammt von dem arabischen Wort *Scharia* ab, Bezeichnung für einen Weg zu einer Siedlung außerhalb der Stadtmauern.

Die wichtigste Straße war stets die Carrer de la Mar, die zum Platz de la Pau führt. Die wichtigste Grünzone ist La Glorieta. Es handelt sich um den ersten öffentlichen Park der Stadt, der während der französischen Besatzung Anfang des 19. Jh. eröffnet wurde. Hier findet der Bürger alles für seine freie Zeit, einen Brunnen mit Grotte, ein Café, einen Musikpavillon und Freilufttheater, die mit einem Gitter geschlossen sind. Besonders auffallend sind die riesigen Bäume.

Von der wertvollen Architektur, die die Stadt während der Zeit der Araber hatte, blieb in diesem Viertel nur ein Bauwerk erhalten, die Banys de l'Almirall, ein mittelalterliches öffentliches Dampfbad mit drei Räumen mit Kuppel.

Seitenwand der Kirche Sant Esteve

Bank im Park La Glorieta

Banys de l'Almirall

Kirche Sant Esteve

Eine der zehn im Jahr 1238 nach der christlichen Eroberung geweihten Pfarrkirchen. Die heutige Kirche ist das Ergebnis eines barocken und eines späteren neoklassischen baulichen Eingriffs. Man sagt, hier hätten sich einst die Töchter von El Cid verheiratet und der heilige Vicent Ferrer sei hier getauft worden.

Palast und Kloster del Temple

Der heutige Sitz der Regierungsdelegation befindet sich in den Räumen des Klosters des Templerordens. In der Epoche von Karl III. wurde die Architektur des Gebäudes im reinsten akademischen Stil des 18. Jh. verändert, insbesondere der Kreuzgang mit den Säulen. Der König gab dieses Gebäude dem Orden von Montesa als Ersatz für dessen Kloster in einem Dorf der Provinz, das durch ein Erdbeben zerstört wurde. Der Orden richtete im gleichen Gebäude eine Schule und eine angebaute Kirche ein, deren Fassade die Bourbonen und die katholische Region ehrt. Hier befinden sich bedeutende Fresken von Josep Vergara.

Reial Convent de Sant Doménec

Seit dem 13. Jh. das wichtigste Kloster der Stadt. Aufgrund der Exklaustration der Dominikaner wurde es zur Statthalterei (Capitanía General), um so auch die Verteidigungsmöglichkeiten dieser östlichen Ecke der Stadt mit Blick aufs Meer zu verbessern.

Diese Gebäudegruppe wird von wundervollen Bauwerken aus verschiedenen Epochen gebildet. Die königliche Kapelle entspricht dem mediterranen gotischen Stil und wurde von den Valencianischen Königen Alfons III. von València und Johann II. errichtet. Die zentrale Begräbnisstätte aus Marmor, die für die Markgrafen von Zenete bestimmt ist, birgt auch die sterblichen Überreste des Malers Joan de Joanes. In dem Kloster blieben zwei Kreuzgänge erhalten, aus der Gotik und der Renaissance.

Das Kloster des Templerordens, vom Park Jardí del Túria fotografiert

Grab der Marquise von Zenete im Kloster Reial Convent de Sant Doménec

Straße del Mar

Neben der Straße Cavallers handelt es sich um eine der elegantesten Straßen der Stadt. Man erreicht über diese Straße das Stadttor, durch das man auf der Brücke Pont de la Mar den Fluss überquerte, und sie verband die Stadt mit dem Hafen und der Küste.

Bevor zwischen dem 19. und 20. Jh. die konkurrierende Straße de la Pau entstand, verlief der gesamte Verkehr von Kutschen und Menschen in Richtung Stadtosten durch diese unregelmäßig verlaufende Straße, die nur ein wenig breiter als die mittelalterliche Straße Cavallers ist. Der Stadtchronist Vicent Boix schrieb 1863, dass man sie auch als *Carrer matjor de la Mar* (Hauptstraße zum Meer) bezeichnete.

Kunstzentrum Hortensia Herrero

In dem restaurierten Palast Palacio de Valeriola (Straße del Mar, 31) öffnet das Centro de Arte Hortensia Herrero seine Türen für Besucher. Es besteht aus zwei vierstöckigen Gebäuden, in denen sich 17 Ausstellungsräume befinden. Hier kann man eine ausgezeichnete Sammlung der internationalen zeitgenössischen Kunst bewundern, u. a. mit Werken von Andreas Gursky, Anselm Kiefer, Georg Baselitz, Anish Kapoor, Olafur Eliasson, Jaume Plensa und Sean Scully, und es werden Happenings und Zeitausstellungen von weltweit bekannten Künstlern organisiert.

Sant Joan de l'Hospital

Diese Gebäudegruppe ist ein weiteres bedeutendes Kloster von La Xerea. Opus Dei hat dort wieder eine Kirche eingerichtet, vorher befand sich dort ein Kino. Jakob I. übergab diese Kirche dem Malteserorden als Dank für dessen Unterstützung bei der Eroberung Valencias. In der gotischen Kirche blieb eine kleine, der heiligen Barbara gewidmete Kapelle erhalten, in der die Überreste einer byzantinischen Kaiserin ruhen, die dank des Schutzes des Valencianischen Königs Peter III. nach València fliehen konnte. Hier befand sich einst das València der Mauren.

Kunstzentrum Hortensia Herrero. *Tunnel for unfolding time,* Olafur Eliasson

Sant Joan de l'Hospital, Mittelschiff

Geburtshaus von Sant Vicent Ferrer

El Pouet (Brunnen) *de Sant Vicent* ist das Sommerhaus, in dem der Schutzpatron der Stadt geboren wurde. Neben der Kapelle, in der man diesen beliebten Prediger verehrt, wird an einem Seiteneingang das Wasser aus dem kleinen Brunnen angeboten, um an die Wunder des Heiligen zu erinnern, die auf den interessanten Keramikwandplatten aus Manises dargestellt sind.

Palast Cervelló

Offizieller Sitz der spanischen Könige nach dem Abriss des Königspalastes (Palau Reial). Sitz des städtischen historischen Archivs. Interessante Salons aus dem neunzehnten Jahrhundert in der Beletage, wenn auch der Originalgrundriss aus dem 16. Jh. stammt. Anfang des 19. Jh. zog Felipe Osorio Castellví, Graf von Cervelló und Armeegeneral, nach Madrid und überließ den Palast zur öffentlichen Benutzung.

Palast der Senyors de Bétera

Dieser Palast und der des Markgrafen von Dosaigües wurden vor dem Abriss gerettet, als man die Umgebung der alten Universität urbanisierte. Das Gebäude, auch als Boïl d'Arenós bezeichnet, ist der heutige Sitz der Börse von València. Der alte zentrale Innenhof gotischen Ursprungs diente als Börse und für Vertragsabschlüsse.

Geburtshaus von Sant Vicent Ferrer

Palast Boïl d'Arenós

Palast Cervelló

Palast Marqués de Dosaigües

Das Gebäude verdankt seinen Ruhm der wundervollen Barockfassade. Sitz des nationalen Keramikmuseums González Martí seit 1954. Dieses Museum zeigt eine detaillierte Ausstellung zur Geschichte der Keramikkunst. Anhand der Sammlung von Manuel González Martí werden in der ersten Etage das Palastleben im 18. und 19. Jh. sowie das häusliche Leben und die Gewohnheiten des Großbürgertums gezeigt. In den anderen Räumen werden Keramiksammlungen aus Manises, Alcora und Paterna, eine Vielzahl an Kacheln und Socarrats (gebrannte Deckenziegel) aus dem 15. Jh., chinesisches Porzellan und Handwerksarbeiten aus Andalusien und Toledo ausgestellt.

Die Fassade des Palastes ist von hohem künstlerischem Wert. Mitte des 18. Jh. wurde der Valencianische Maler und Graveur Hipòlit Rovira mit dieser Fassade beauftragt, und Ignasi Vergara arbeitete mit ihm zusammen, um den Alabaster der wundervollen Fassade zu bearbeiten. Am oberen Teil ist die Jungfrau vom Rosenkranz (Rosari) dargestellt, und unten eine Allegorie über zwei Gewässer und zwei Flüsse, die durch zwei glatzköpfige Giganten symbolisiert werden, einer nackt und einer halb bedeckt. Ihre Körper vermischen sich mit dekorativen Motiven aus der Tier- und Pflanzenwelt. So entsteht eine sehr sinnliche Skulpturengruppe.

Der Palast hat zahlreiche Umgestaltungen erlebt. Ab 1740 wurde er umgebaut, um sein höfisches Aussehen zu verbessern. Er bekam ein großes Portal, einen zweiten Eckturm und wellenförmige Geländer an den Ecktürmen.

Die Umgestaltung 1870 wurde von dem Meister José Ferrer durchgeführt. Um Feuchtigkeit zu vermeiden, wurden die Fassaden mit Platten (Marmorimitation) verkleidet, und es kamen Verzierungen im Stil des Rokoko und Neoimperialismus hinzu. Der konventionelle Stil des Gebäudes bildet einen Kontrast zu der fantasievollen Fassade.

← **Oben die auffallende Fassade und unten die Küche des Keramikmuseums**

Giganten aus Alabaster am Barocktor

Ballsaal

Kirche und Schule von El Patriarca

Eine Schule, die von Sant Joan de Ribera für die Ausbildung der Seminaristen im Geist der Gegenreformation gegründet wurde. Sie müssen den Kreuzgang mit Säulen besichtigen (das schönste Renaissancewerk der Stadt) und die Kirche im Herrera-Stil mit Gemälden von Ribalta. Der Drachen in der Eingangshalle war ein Geschenk des Vizekönigs von Peru, auch wenn viele Legenden darüber erzählt werden, wie er in die Straße Barques kam, als ein Flussarm diese Zone durchquerte.

Der Gründer bekleidete die Ämter Vizekönig des Reiches, oberster General, Patriarch von Antioquia und Rektor der Universität. Sein Einfluss beim König trug entscheidend dazu bei, 1609 die Morisken auszustoßen.

Der Patriarch wählte diesen Ort, um dem wissenschaftlichen Säkularismus entgegenzuwirken, den die Professoren der Universität ihre Studenten lehrten.

La Nau

Der in València geborene universelle Humanist Lluís Vives wacht über den Kreuzgang dieses Universitätsgebäudes, das der Verbreitung von Wissen gewidmet ist. In der Bibliothek befindet sich das erste in Spanien gedruckte Buch, der Jungfrau Maria gewidmet. Die Hauptfassade wurde in der Moderne renoviert, sie ist eine Hommage an den Papst Borja, Alexander VI. und an den König Ferdinand II., die València das Privileg einer der ersten europäischen Universitäten gewährten.

Straße de la Pau

Vielleicht ist sie aufgrund der interessanten Bauten eine der künstlerisch wertvollsten Straßen der Stadt. Alle Gebäude sind von kulturellem Interesse. Die Straße wurde Ende des 19. Jh. geöffnet. Die aufsteigende lokale Bourgeoisie zog in die großen Häuser ein. In den 1920er Jahren fand in den Hotels, Restaurants und Geschäften ein modernes Leben statt. Diese Straße führt von der Umgehungsstraße in die Altstadt. Bei den Betreibern von Reisebüros, Modegeschäften und Restaurants ist sie sehr beliebt.

← El Patriarca, Kuppel der Kirche und Kreuzgang

Innenhof von La Nau

Straße de la Pau

El Carme

El Carme ist das einstige Viertel der Handwerker, Klöster, Herrenhäuser und der Mittelschicht, heute die die Zone der Kunst und der Mode, was der Schule für Schöne Künste, die sich hier befand, zu verdanken ist. Hier leben Menschen aller Klassen, neben alten Palästen stehen Bürgerhäuser und Mietblöcke. Nach einer Überschwemmung durch den Túria 1957 begann eine Zeit der Dekadenz, die 1970 ein Ende fand, als El Carme zum Modeviertel junger Menschen wurde. Heute bevorzugen die Kreativen Valencias das Viertel Ruzafa, während Touristen das alte Viertel El Carme mit seinem Charme der Boheme lieben.

Der Name stammt vom Kloster del Carme, heute ein Ausstellungszentrum der Kunst. Das Viertel mit zwei erhaltenen Stadttoren erstreckt sich über die Straßen Serrans, Cavallers, Quart und dann über die Ringstraße Guillem de Castro und Blanqueries, die sich rechts am Park Túria befinden.

Torres dels Serrans

Nördlicher Eingang zur Stadt, ab 1391 von Pere Balaguer errichtet. Das Bauwerk besteht aus zwei fünfeckigen Türmen, einem Wandelgang mit Zinnen und einem Burggraben. Heute handelt es sich um einen der Hauptzugänge in die historische Altstadt. Man wusste das monumentale Aussehen und die gotische Eleganz des Gebäudes zu wahren, um die politischen Botschafter zu beeindrucken, die die Stadt besuchten. Die Porta Real des Klosters Poblet scheint eine kleine Nachbildung des Tores zu sein. Hier befand sich das Gefängnis für Edelleute. 1936 wurden hier die Gemälde aus dem Prado-Museum aufbewahrt.

Casa de les Roques

Gebäude, in dem die *Roques*, die Holzkarossen der Fronleichnamsprozession, aufbewahrt werden. Sie wurden während des Patronatsfestes der Stadt benutzt, bevor die Falles in Mode kamen. Sie werden von Pferden aus der Umgebung gezogen. Auf der Plattform werden die Mysterien von Fronleichnam dargestellt.

← Stadttor Torres dels Serrans

Wasserspeier der Torres dels Serrans

Roques (Karossen), *Gegants* (Riesenfiguren) und *Bestiari* (Tierfiguren) ruhen in der Casa de les Roques

Plaça del Carme

Interessanter Platz, der geöffnet wurde, um die Fassade der Kirche des Klosters El Carme hervorzuheben. Der Barockstil gleicht dem des Palau de Pineda, Sitz der UIMP (Internationale Universität Menéndez Pelayo). Dieser Palast wurde 1732 eingeweiht, drei Jahre bevor der Eigentümer Francisco Salvador de Pineda der Korruption und des Machtmissbrauchs angeklagt und aus der Stadt geworfen wurde. Pineda war der Steuereintreiber in den Reichen von València und Murcia. Im Zentrum des Platzes steht eine Skulptur des Malers Joan de Joanes.

Museum Centre del Carme

Mit dem Bau dieses Klosters in der historischen Altstadt, dem das Viertel seinen Namen verdankt, wurde 1280 begonnen. Jahrhunderte danach hatten hier das Museum der Provinz (Museo Provincial) und die Schule der Schönen Künste ihren Sitz. Diese historische Baugruppe wird von unterschiedlichen Architekturstilen geprägt. Am Eingang zum Museum befindet sich der gotische Kreuzgang, und im Inneren gibt es einen weiteren Kreuzgang aus der Renaissance. Des Weiteren kann man den großen Saal Ferreres (als „Academia" bezeichnet), die Aula Capitular, das Refektorium, den Saal des Architekten Goerlich und das Schiff der alten Schlafzimmer des Klosters in unterschiedlichen Stilen bewundern. El Carme ist ein offenes und dynamisches Kulturzentrum, das die Integration und den sozialen Zusammenhalt fördert.

Museumshaus Josep Benlliure

In diesem Haus lebte und arbeitete einer der großen Bildhauer und Maler vom Ende des 19. Jh. Dieses typisch valencianische Bürgerhaus mit vier Stockwerken und einem inneren Garten, der dem Erbauer als Inspiration diente, liegt an der inneren Ringstraße. Das Atelier des Malers befindet sich hinten im Innenhof. Benlliure ist neben Sorolla und Pinazo einer der bedeutenden valencianischen Maler des 19. Jh. Das Gebäude im eklektischen Stil ist mit griechisch-römisch wirkenden Elementen dekoriert.

← Platz del Carme

Kreuzgang des Museums Centre del Carme

Atelier des Malers im Museumshaus Josep Benlliure

NOSTRE·DONA
DE·LA·BONA·SON
PREGVEV·PER·NOS
✠
PORTAL
DE·VALLDIGNA

Straße Cavallers

Eine elegante Straße mit gotischen Palästen mit der gleichen Atmosphäre wie El Carme und La Seu. Bevor hier die wichtigen Familien der Stadt lebten, war sie die Römerstraße, die aus dem Westen kam. Die Araber nutzten die Straße in ähnlicher Weise. Am Ende der Straße Cavallers am Platz Sant Jaume befand sich das Warenlager der Händler der Krone von Aragonien, El Alfondec. Die Nähe des Handels war sicher ausschlaggebend für das Interesse der Großgrundbesitzer, hier ihre Herrenhäuser zu errichten. Jedes Jahr zu Fronleichnam wird die Monstranz durch einen Regen Rosenblätter getragen, die von den Nachbarn geworfen werden.

An dem Platz Tossal treffen die Straßen Cavallers, Bolsseria und Quart zusammen. Der Name Tossal (Hügel) entstand, weil dieser Platz höher liegt und jahrhundertelang das Wasser des Mäanders des Túria, das die Stadt umgab, aufhielt. Dieser Arm des Flusses wurde zum Graben der arabischen Stadtmauer. Später wurde er mit dem Wassergraben Rovella bedeckt, die wichtigste Wasserzufuhr für die Stadt. Diese Informationen findet man in einem Museum unter dem Platz, wo man auch die arabische Stadtmauer aus dem 13. Jh. sieht. In Cavallers, 36 und Col·legi Major Rector Peset befinden sich Gemälde der arabischen Stadtmauer.

Portal de la Valldigna

Tor in der arabischen Stadtmauer, durch das die Menschen aus der Siedlung am Fluss außerhalb der Mauer die Stadt betraten. Im 15. Jh. ging die Holztür verloren, da die christliche Stadtmauer weiter im Norden bereits für Sicherheit sorgte. Die Überreste der arabischen Stadtmauer in dieser Zone sind von erstaunlicher Dicke. Das gotische Tafelbild zeigt Jakob II., als er das Kloster Santa Maria de la Valldigna gründete.

Platz Sant Jaume

Platz L'Espart, bei der Straße Cavallers

← Portal de la Valldigna

Stadttor Torres de Quart

Straße Quart

Moderne Straße, die die Straße Cavallers verlängert, mit Bürgerhäusern aus
dem 19. h. und den ehemaligen Wohnhäusern der Handwerker. Auffallend
ist das Gebäude Echeveste im eklektischen Stil von Joaquín Calvo, in dem
die Schriftsteller der Renaixença, Rafael
Ferrer i Bigné und Manuel Millàs Casanoves lebten. Für die Anlage der Straße
wurden die großen Grundstücke des
Klosters Puritat benutzt.

Torres de Quart

Dieses Gebäude an der westlichen
Stadtzufahrt wurde zwischen 1441
und 1460 von Pere Bonfill erbaut, um
Händler und Reisende aus dem Landes-
inneren willkommen zu heißen. Es besitzt zwei Zwillingstürme, vorne zylin-
drisch und hinten gerade. Die Einfahrt
ist von einem Rundbogen überspannt,
über dem sich eine große Schießschar-
te befindet. An der Fassade sieht man
noch die Einschlaglöcher der Kanon-
enkugeln, die 1808 vom französischen
Heer abgeschossen wurden. Diese Türme dienten als Frauenzuchthaus, weshalb sie nicht wie die meisten anderen
Tore abgerissen wurden.

Santa Úrsula

Die Kirche gehörte zu dem 1605 ge-
gründeten Augustinerkloster, in das
sich reumütige Frauen zurückzogen.
Dieser Umstand bestätigt, dass das
Viertel El Carme aus den Klöstern entstand. Heute befindet sich hier die Katholische Universität von València.

Der Zugang für die Turmbesteigung

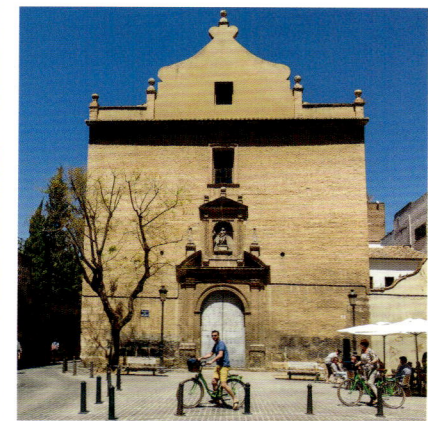

Santa Úrsula

IVAM

Das Valencianische Institut der modernen Kunst befindet sich in einem neuen Gebäude. Es verdankt seinen Namen Centro Julio González einem großen Bildhauer der europäischen Avantgarde, ein Zeitgenosse von Picasso. Die Innentreppe, die das Erdgeschoss mit der ersten und zweiten Etage verbindet, ist neben den großen Fenstern das auffallendste architektonische Element des Museums.

Der Fundus umfasst Werke der europäischen Avantgarde, dem Universum der Fotografie, Kunst auf Papier und zeitgenössische Skulpturen und Installationen, um dem Geist des Gründers Julio González treu zu bleiben. Europäische, informelle Kunst, abstrakter Expressionismus, Pop Art, Realismus, das sind Tendenzen, die im Fundus de IVAM zu finden sind, und auch die valencianische Modernität von Pinazo, Sorolla und Lozano.

BOMBAS GENS
Zentrum der digitalen Kunst

In dem Stadtteil Marxalenes, ganz in der Nähe des IVAM, wurde in der ehemaligen Fabrik für Hydraulikpupen Bombas Gens das erste permanente Zentrum der Stadt eingerichtet, das auf Ausstellungen von immersiven und audiovisuellen Kunstprojekten spezialisiert ist, die Kunst und Technologie miteinander verbinden. Der Besucher ist nicht mehr nur ein Zuschauer, sondern er wird zum Hauptdarsteller, der in eine neue Dimension des Werkes und des Künstlers eintaucht.

Vestibül und Außenbereich des IVAM

Bombas Gens. Immersive Ausstellung *Cybernetic Dalí*

↑ La Beneficència. Alte neobyzantinische Kirche ↓ Völkerkundemuseum, L'ETNO

Kulturzentrum La Beneficència. L'ETNO

Ein großes Gebäude mit acht Innenhöfen aus dem Jahr 1876, das von dem Architekten J.M. Belda Ibáñez stammt und heute dem Viertel als zweites großes Kulturzentrum dient. Im 19. Jh. war hier ein Hospiz untergebracht, in dem soziale Leistungen und die Wohlfahrt der Kreistag erbracht wurden. Architektonisch ist das Gebäude dem neogotischen und neobyzantinischen Stil zuzuordnen. Sieben Jahre nach Errichtung des IVAM wurde das Gebäude renoviert, um dort die modernen Installationen der Museen der Vorgeschichte und Ethnologie der Provinz unterzubringen, und es werden Zeitausstellungen über den Charakter und die Lebensweise der Valencianer gezeigt. L'ETNO wurde im Jahr 2023 aufgrund seiner soliden ethischen Grundlage und dem Engagement für den Wandel als das beste Museum Europas ausgezeichnet. In der Beneficència befindet sich eine wichtige Bücherei.

Quart Extramuros

Ebenso wie die Straße Cavallers in Quart verlängert wurde, so hat man diese Straße außerhalb der Stadtmauer zu den Siedlungen und Gärten auf beiden Seiten verlängert. Einer der wichtigsten war der Garten von Tramoyeres.

Der Botanische Garten

Einer der Gärten außerhalb der Stadtmauern mit einer Fläche von vier Hektar wurde aufgrund einer Initiative der Universität von València zur Escola de Jardineria (Gärtnerschule). Der Naturalist Antoni Josep Cavanilles plante Mitte des 19. Jh. diesen Garten als einen Ort der Wissenschaft, mit über 3000 Baum- und Pflanzenarten. Der Architekt Cristòfol Sales legte einige der bekanntesten Zonen des botanischen Gartens an, beispielsweise das große Sonnendach. Der Architekt Cristòfol Sales entwarf den ursprünglichen botanischen Garten. 1900 kam dann das bekannte Schattendach, das Umbráculo, von Arturo Mélida hinzu. Vor kürzerer Zeit wurde anliegend an den botanischen Garten ein kleines botanisches Schmuckstück geschaffen, der Garten der Hesperiden mit fünfzig verschiedenen Zitrusbäumen.

Forschungsgebäude des Botanischen Gartens

Schattenspendendes Gewächshaus

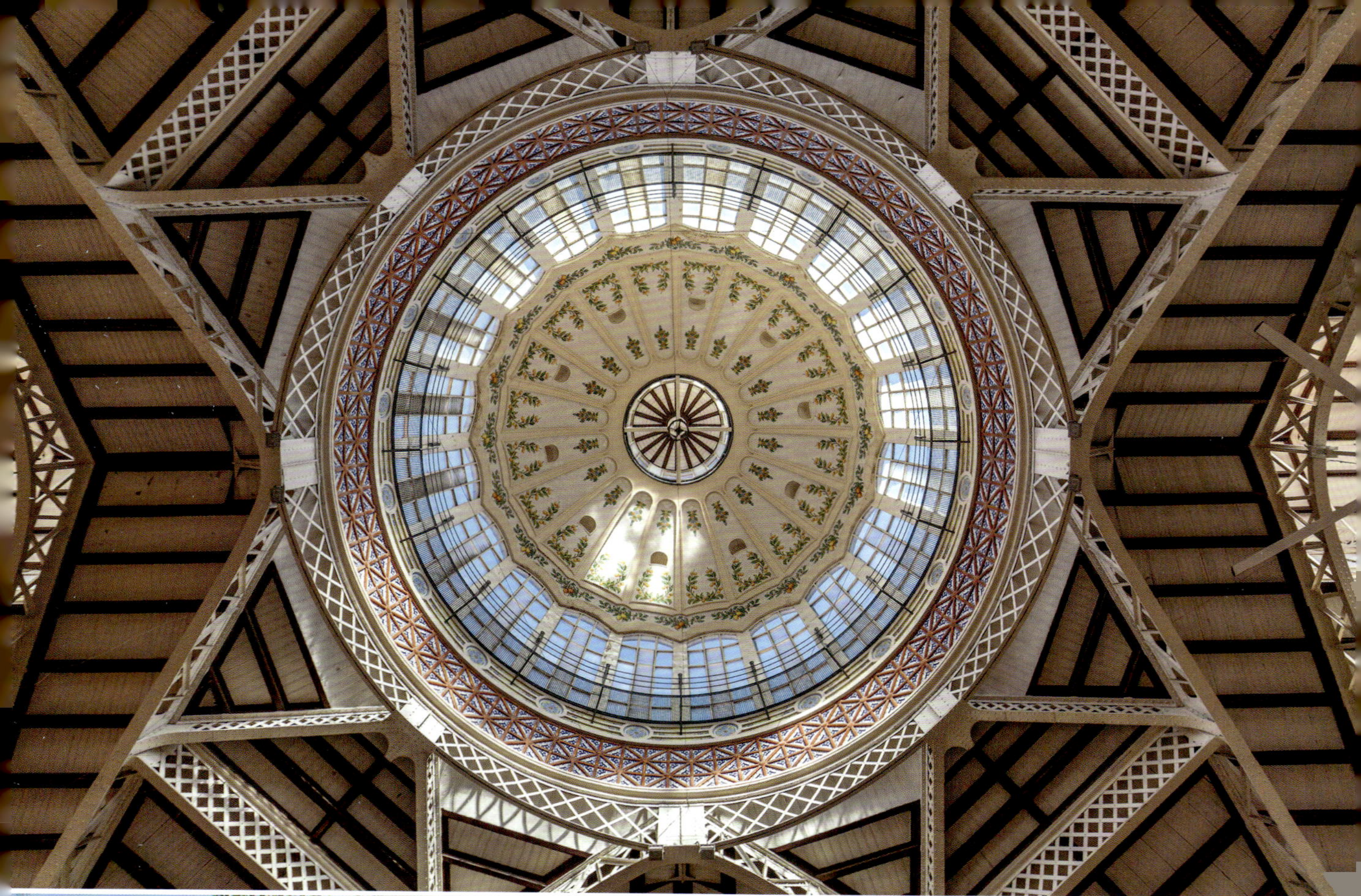

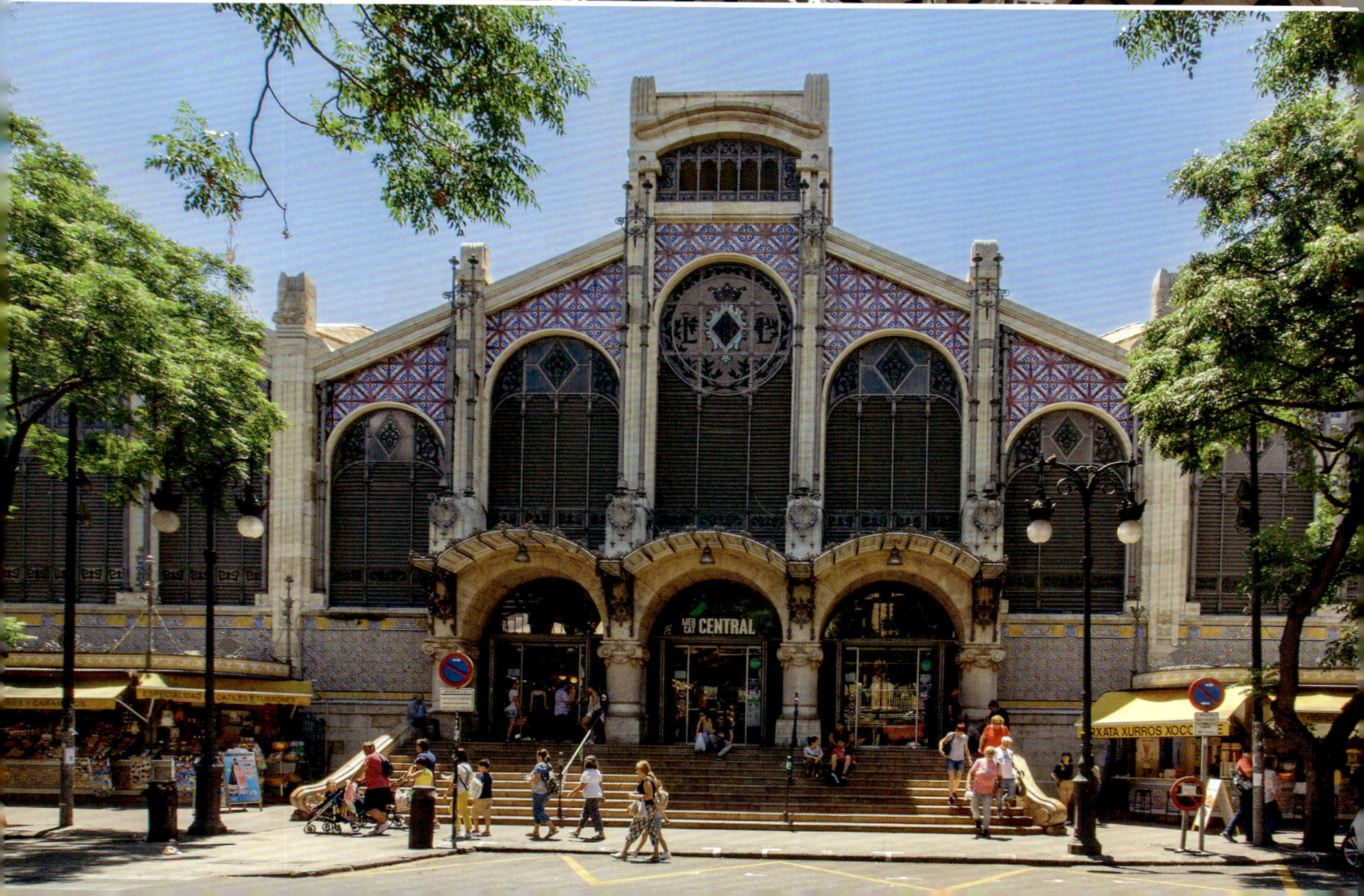
CENTRAL

El Mercat

In València wusste man zwischen den Zonen zu unterscheiden, in denen man die Seele und die Politik kultivierte, und der, in dem Geld gehandelt und verdient und der Körper zufrieden gestellt wird. Während La Seu der Ort der Kirche und der Politik ist, ist El Mercat die Plattform der zivilen und bürgerlichen Gewalten, der Kunst des Handels.

Mercat Central

Die modernistischen Architekten Francesc Guàrdia und Alexandre Soler, Schüler von Lluís Domènech i Montaner, erbauten diese Markthalle zwischen 1914 und 1928, in einer Epoche des Wachstums in València. Sie bewiesen, dass man industrielle Materialien mit gewagten dekorativen Elementen verbinden konnte. Unter einem monumentalen Dach aus Eisen und Glas befinden sich zweihundert Verkaufsstände mit frischen Produkten, die jeden Tag mit den anderen Geschäften der Stadt konkurrieren.

Auf einer Fläche von über 8 000 m², dort, wo sich früher ein Kloster und Wohnhäuser befanden, befinden sich heute die Fischbörse und zahlreiche exotische Stände mit köstlichen Delikatessen. Aus der beeindruckenden Kuppel des Daches ragt ein Wetterhahn bzw. Kakadu, der als *La Cotorra del Mercat* bezeichnet wird, das Wahrzeichen, das in Burlesken und Romanen oft erwähnt wird.

Hier befand sich bereits im Mittelalter ein Markt, und sogar zurzeit der Araber in einer Siedlung außerhalb der Stadtmauern. Der Schriftsteller Vicente Blasco Ibáñez beschreibt in seinen Romanen den Marktplatz der Region, auf dem die Bauern, Händler, Verkäufer, Käufer, Neugierige, fahrende Händler und Feilscher ihre Waren feilboten. Die Stadtverwaltung förderte die Schaffung eines großen Marktes, um dem Chaos der Stände, Planen, Karren und Pferde, die jeden Morgen den Platz und die kleinen Gassen verstopften, Einhalt zu gebieten.

← **Kuppel und Fassade der Markthalle Mercat Central**

Wetterhahn des Marktes, *La Cotorra del Mercat*

Monumentales Dach aus Eisen und Glas

↑ **Paella-Verkauf vor der Markthalle** ↓ **Städtische Kunst**

Die Umgebung des Marktes

An dem Markt befinden sich drei wichtige Gebäude der zivilen und religiösen Architektur, die aus València ein Reiseziel für Kunstliebhaber machen: die gotische Fischbörse, der modernistische Mercat Central und die barocke Kirche Sant Joan del Mercat.

Vor der Markthalle werden die köstlichsten Gerichte angeboten und als Souvenir kann man eine Paellapfanne oder anderes erwerben. Die alten Lokale und Läden geben dieser Zone ihr typisches Flair.

València erwacht, wenn die frischen Produkte vom Land abgeladen werden, die auf den Markt kommen. In den Lokalen werden die ersten belegten Brote mit Thunfisch und Tintenfischringen gegessen. Die Produkte werden wie frisch gemalte Stillleben ausgelegt, um das Auge anzusprechen.

Orxateria am Markt

Symbol für den Handel auf dem Pflaster

Hutgeschäft

Beliebter Stand mit Schnecken und Rosmarin

Llotja de la Seda

Die Seidenbörse wurde als das schönste und wichtigste Gebäude der zivilen Gotik in València von der UNESCO zum Weltkulturerbe erklärt. Hier fanden einst ein aktiver Handel und finanzielle Transaktionen statt. Der Baumeister Pere Compte begann 1483 mit dem Bau, der vollständig von der *Taula de Canvis*, dem ersten Bankinstitut von València gezahlt wurde. Es handelt sich somit um eine künstlerische Hommage an das Geld.

Im Salón Columnario (Säulensaal) befindet sich ein Wald aus 24 spindelförmigen Säulen, die sich an der Decke wie Palmen öffnen. Zwischen diesen 17,40 Meter hohen Säulen befanden sich Tische mit Hockern, an denen der Name des Besitzers stand, der hier handelte. Im zentralen Turm befinden sich eine kleine Kapelle und eine Treppe mit 110 Stufen, die zum Gefängnis für bankrotte Händler führt. Von dem inneren Garten mit Brunnen, dem Pati dels Tarongers aus, wo sich auch der Eingang befindet, erreicht man über eine steile Steintreppe den Versammlungssaal des Consulat del Mar. Der prachtvolle Saal hat eine Decke mit bunter Holzvertäfelung, die von dem alten Rathaus von València stammt, das sich am Platz de la Mare de Déu befand.

Menschen- und tierähnliche Wasserspeier, die Fantasie anregende Skulpturen und Medaillons erzählen von den mittelalterlichen Symbolen und Vorstellungen, die in der Kunst der Llotja festgehalten wurden. Um sie zu entdecken, muss man sich die Fassade und die höchsten Elemente des Gebäudes genau ansehen.

Türme der Llotja de la Seda (Seidenbörse)

Wappen des Königreichs València

Tafelwerk im Versammlungssaal des Consulat de Mar

Kirche Sant Joan del Mercat

Kirche Sant Joan del Mercat

Die gotische Kirche wurde über einer ehemaligen Moschee errichtet, jedoch im 18. Jh. von Grund auf im barocken Stil renoviert. Das Frontispiz, das man vom Platz del Mercat aus sieht, verbirgt in Wirklichkeit mit einer flachen Fassade die alte, vieleckige, gotische Stirnseite. Hier sieht man eine Terrasse, von der aus man die Umzüge wie den zu Fronleichnam sehen konnte. Im Gebäude befinden sich die Fresken von Palomino über die Apokalypse. Die Wetterfahne am Turm stellt den Adler der Apokalypse dar. Die Stadt gab ihm den Spitznahmen (Spatz) von Sant Joan.

Straßen und Plätze der Handwerker

Die Stadt ist voller kleiner Gassen und Plätze, an denen es Geschäfte gibt, die keine Nahrungsmittel anbieten und doch viele Käufer anziehen. Ein interessanter Spaziergang führt über den Platz Mercé und durch die Straße Músic Peydró, wo sich die traditionellen Geschäfte mit Möbeln und Holz- und Korbwaren befinden. Ebenso findet man Antiquitätenhändler, Reisebuchhandlungen und alternative Läden. Die Straßen tragen die Namen der alten Handwerke: Bosseria, Cadirers, Assaonadors, Manyans o Tapineria.

Platz Redona

Der beliebteste Markt im Viertel. Er wurde zwischen 1839 und 1856 als Markt für Fisch, Fleisch, Obst und Gemüse, die in den Gassen des Mercat angeboten wurden, gebaut, lange bevor die große modernistische Markthalle errichtet wurde. Zur gleichen Zeit wurde der Schlachthof aus hygienischen Gründen aus diesem Viertel auf eine Parzelle außerhalb der Stadtmauer verlegt. Der zentrale Brunnen wurde von dem alten Markt sehr oft benutzt. Die Konstruktion sieht wie eine kleine Stierkampfarena aus, nur dass sich hier Handwerkläden, Kleidergeschäfte und Wohnungen befinden. Durch eine kürzliche Umgestaltung wurde das traditionelle Aussehen exzessiv verändert.

↑ Der beliebte Platz Redona ↓ Korbwarengeschäft in der Straße Músic Peydró

Sant Francesc

Mitte des 19. Jh. beschloss man, das Rathaus von dem Platz Mare de Déu in einen neuen Sitz im Südosten der mittelalterlichen Stadt zu verlegen, der dort errichtet wurde, wo sich einst Klöster und Wohnhäuser befanden. Der Name Sant Francesc stammt von dem Kloster, das einst auf dem Hauptplatz stand. Dies ist das Viertel der großen, bürgerlichen Architektur, der Finanzen, der lokalen politischen Mächte und der Theater, Kinos und berühmten Geschäfte.

Plaça de l'Ajuntament

An diesem dreieckigen Platz stehen die höchsten Gebäude der Altstadt, die von den besten Architekten des 20. Jh. geplant wurden. Die Architekten Francesc Mora und Carlos Carbonell erweiterten das Haus Casa de l'Ensenyança mit einem Gebäude, dessen Fassade zum Platz zeigt. So entstand ein Gebäude in einer rein spanischen Architektur mit klassischen Elementen und Dekorationen der Renaissance und des Barock. Der Balkon der Behörden, zu dem bei den Festen die Bürger hochschauen, wurde in einer späteren Epoche angebaut.

Über eine Freitreppe aus Marmor erreicht man den Sala de Cristall. Auf dessen rechter Seite befinden sich der halbkreisförmige Saal und andere Räume mit einer ausgezeichneten Pinakothek. In dem Museum werden Objekte gezeigt, die die Identität der Stadt symbolisieren: die katalanische Flagge, das Schwert von Jakob I., die Gerichte (*els Furs*), der Penó de la Conquesta und eine Nahaufnahme von València.

Historische Gebäude am Rathausplatz (Plaça de l'Ajuntament)

Els Furs. **Städtisches Geschichtsmuseum**

Typischer Blumenstand

Passatge Ripalda

Diese kleine Passage wurde 1889 von Joaquín María Arnau, einem Architekten der romantischen Valencianischen Schule, gebaut. Es handelt sich um eine Einkaufsgalerie in einem Wohnhaus mit zwei Fassaden, überdacht mit einer Kuppel aus Glas und Stahl, eine Nachahmung der erfolgreichen Galerien Vittorio Emmanuele in Mailand im Kleinformat.

Palau de les Comunicacions

Ein Gebäude von Miguel Ángel Navarro Pérez, eingeweiht 1923. Eine Hommage an den sozialen Fortschritt in der Welt der Kommunikationen. Im Inneren gibt es einen ovalen Saal im ionischen Stil, in den durch ein großes Glasgewölbe Licht fällt. Hier werden die Wappen der spanischen Regionen gezeigt. An der Fassade sieht man das königliche Wappen, verbildlicht durch Skulpturengruppen mit Engeln, utopischen Boten, die auf der Erde und in der Luft die fünf Kontinente verbinden. Der Architekt folgte einem akademischen Stil, um den rein spanischen Stil der anderen Gebäude an dem großen Platz zu vermeiden. Im linken Flügel befindet sich die Post.

Gebäude Rialto

Der Architekt Cayetano Borso di Carminati errichtete 1930 dieses Gebäude in einem rationalistischen Stil mit Einflüssen der Art déco. Es wurde als Kino eingeweiht, und nach einem architektonischen Eingriff der Generalitat wurde es auch zum Theater. Sitz der Valencianischen Filmothek.

Das Palau de les Comunicacions mit dem auffallenden Fernmeldeturm

Löwenkopf-Briefkästen am Postgebäude

Gebäude Rialto

← Passatge Ripalda

Straße Sant Vicent Màrtir

Straße Sant Vicent Màrtir

Eine der längsten und traditionellsten Straßen der mittelalterlichen Stadt, in der 1900 viel Handel zu finden war. Sie führte bis außerhalb der Stadtmauern, deshalb ist sie die Straße mit den meisten Wohnhäusern in València. Historiker versichern, dass hier der Valencianische Abschnitt des Jakobswegs begann.

Kirche Sant Martí

Auf einer ehemaligen Moschee wurde 1382 diese frühgotische Kirche errichtet. Im 18. Jh. wurde sie im barocken Stil renoviert. An der Fassade befindet sich eine wertvolle Skulpturengruppe des Flamen Pieter Van Beckere, die einen Heiligen darstellt, der einem Armen hilft. Die Kommunionskapelle hat einen unabhängigen Eingang von einem kleinen Platz aus.

Straße Sant Ferran

In dieser Straße gibt es traditionelle Geschäfte (alte Bücher, Antiquitäten, Heilpflanzen, handgemachte Mode) sowie Cafés und moderne Lokale. Octubre, Centre de Cultura Contemporània, sanierte das Kaufhaus El Siglo Valenciano aus dem 19. Jh. als Kulturzentrum. Im Untergeschoss befinden sich die Ruinen der arabischen Stadtmauer.

Seitenfassade der Kirche Sant Martí

Geschäft in der Straße Sant Ferran

Banc de València

Die Architekten Javier Goerlich, Antonio Gómez Davó und Vicente Traver wurden 1940 mit diesem Gebäude beauftragt, das die Macht der valencianischen Finanzen zeigen sollte. Es steht an einer Ecke, an der fünf Straßen aufeinander treffen. Ein Beispiel für einen neuen pur spanischen Stil (*neocastizo*) mit Renaissance- und Barockelementen.

Teatre Principal

Das eleganteste und bekannteste Theater der Stadt. Es wurde nach den Plänen des Italieners Filippo Fontana errichtet und 1832 eingeweiht, um die bekanntesten Werke der Epoche zu zeigen. Fassade im neoklassizistischen Stil.

Palau de Justícia

Ehemaliges Zollhaus am Wareneingang des Hafens. Später war es der Sitz einer Tabakfabrik und im 20. Jh. der der Justizverwaltung. Der benachbarte Platz Alfonso el Magnánimo ist Jakob, dem I., gewidmet.

Theater Principal

Justizpalast, altes Zollhaus (Casa de Duanes)

Hauptsitz der ehemaligen Bank Banc de València

Saal im Col·legi de l'Art Major de la Seda

Kunstvolles Seidengewebe

Col·legi de l'Art Major de la Seda

In dem alten Viertel Velluters, heute El Pilar, befand sich mehrere Jahrhunderte lang bis Mitte des 19. Jh. die Seidenindustrie. Dies war die wichtigste Wirtschaftstätigkeit der Stadt.

In dem Viertel gibt es nur zwei bedeutende Gebäude, dieses und Escoles Pia. Es hat lange, enge längs verlaufende Gassen mit Häusern, in deren Erdgeschossen die Handwerker arbeiteten, während die Webstühle sich in den oberen Etagen befanden. Die Seidenraupen wurden in Gehöften außerhalb der Stadtmauern gezüchtet. Man nutzte das Wasser aus dem Wassergraben Rovella, der das Viertel durchquerte.

Die 1477 gegründete Gilde der Seidenhersteller hatte großen gesellschaftlichen Einfluss. Ihr Sitz, 1492 erworben, hat alle Elemente einer historisch wichtigen Institution erhalten. In den Archiven befinden sich 660 Bücher und 38 Pergamente mit den Bewegungen der Mitglieder und Vereinbarungen der Gilde.

Bei der Besichtigung sieht man den Saal La Pometa (Äpfelchen) mit Bodenfliesen aus Sagunt, den Saló de la Fama mit einem beeindruckenden Kachelboden, der die vier Kontinente darstellt, die Kapelle, die gotische Wendeltreppe, das Museum mit Seide aus dem 17. und 18. Jh. und eine Werkstatt mit funktionierenden Webstühlen.

Im Shop des Museums werden Objekte und Stoffe angeboten, die typisch für die valencianische Tradition sind, die einst die europäischen Monarchien und das Großbürgertum faszinierte.

Geschäft

Jardins de l'Antic Hospital

Hier befand sich eines der ersten Irren-
häuser Europas, und dann ein Hospital,
von dem nur noch die vier Schiffe mit
Kreuzrippengewölbe der Krankensta-
tion erhalten sind, heute eine Bibliothek. Nachdem es als Medizinfakultät
gedient hatte, wurde das Gebäude 1960
abgerissen und ein Garten mit architektonischen Überresten der Renaissance
und Kulturzentren angelegt.

Der Architekt Guillermo Vázquez
Consuegra plante das moderne Gebäude des MuVIM (Museu Valencià de la
Il·lustració i la Modernitat), das von
der Diputació de València verwaltet
wird. Es besitzt keine eigene Sammlung, zeigt aber wichtige Ausstellungen
im Bereich Design, Plakatkunst, Fotografie und den künstlerischen Fundus
der Körperschaft.

Im Centre d'Artesania lernt man
mehr über die traditionelle Arbeit mit
Holz, Karton und Ton. Die Klause Santa Llúcia gehört zum Hospital.

Klause Santa Llúcia

Öffentlichen Bibliothek der Provinz

Kunsthandwerkszentrum

Modell der Stadt im Valencianischen Museum der Illustration und der Moderne

L'Eixample
Modernismus

Casa Ortega

València war Mitte des 14. Jh. eine große Stadt mit 100 000 Einwohnern, weshalb es über die mittelalterliche Stadtmauer hinauswachsen musste. Der Statthalter Ciril Amorós begann 1865 mit dem Abriss der Stadtmauer, um die Arbeitslosigkeit zu bekämpfen. Und das Rathaus plante 1887 nach den Plänen der Architekten Joaquín María Arnau, José Calvo und Lluís Ferreres das neue Gebiet. So entstand L'Eixample (die Stadterweiterung), wobei man teilweise dem Plan von Ildefons Cerdà für Barcelona folgte. Die neue Straßenführung sollte im Gegenteil zu Barcelona mit der der mittelalterlichen Stadt verbunden werden. Dort, wo die Stadtmauer verlief, entstand eine Ringstraße.

Mercat de Colom

Zwischen der Straße Colom, dem Park Túria, dem Bahnhof und der Allee Peris i Valero wurden Straßen angelegt, die regelmäßige, achteckige Grundstücke für hochwertige Gebäude mit Abschrägung entstehen ließen, an denen kleine Plätze entstanden. Die Gebäude wurden von Architekten und Künstlern gestaltet, so dass die größte eklektische und modernistische Zone der Stadt entstand.

Der Mercat de Colom ist das künstlerische Schmuckstück des Ensanche. Im Gegensatz zu dem modernistischen Mercat Central in Ciutat Vella, der immer noch als Markt dient, ist Colom heute ein beliebtes Freizeitzentrum. Das Gebäude wurde ab 1913 von dem Architekten Francesc Mora, einem Schüler von Domènech i Montaner, errichtet, und es besitzt wundervolle Dekorationselemente aus valencianischer Keramik.

Die valencianische Bourgeoisie, die zum Jahrhundertwechsel vom 19. zum 20. Jh. eine wichtige Rolle in der Gesellschaft spielte, ahmte die kulturellen Neuheiten der europäischen Gesellschaft nach. Der Modernisme, verstanden als freie und moderne Kunst, der von der Natur und der industriellen Revolution inspiriert war, fand in der handwerklichen Tradition Valencias (Glas, Holz, Keramik, Eisen) und in den schönen Künsten zum Ende des Jahrhunderts die perfekten Bedingungen, um den industriellen Entwürfen und Produkten in der Architektur und Stadtplanung neue Verwendungen zu geben.

Markthalle Colom

Valencianischer Modernismus

Der Charakter Valencias, einer Stadt, die immer schon ihr Aussehen und Erscheinungsbild pflegte, fand in der modernistischen Bewegung die große Chance, die neuen öffentlichen und privaten Gebäude mit gewagtem Design und industriellen Materialien zu gestalten, die die Architektur der *Art nouveau* dem Geschmack des Bürgertums Anfang des 20. Jh. näher brachte.

Jahrzehnte zuvor, bereits seit dem Abriss der Stadtmauer, die die Altstadt umgab, prägte der architektonische Elektizismus mit Einflüssen der

Gebäude Noguera II

← In der Markthalle Colom

Neoklassik und des Mudejar-Stils bereits das Aussehen der Häuser, die sich die Mächtigen der Stadt auf den Grundstücken in der Stadterweiterung errichteten. Aber die Ankunft der neuen Kunst, hauptsächlich aus Katalonien, hat den modernen Städtebau verändert. Man nahm die handwerklichen Traditionen Valencias wieder auf und stand an einem künstlerischen Scheideweg der sozialen Anwendung und der Benutzung der neuen industriellen Codes. Schmiede, Tischler, Schreiner, Bildhauer, Glashersteller und Keramiker stellten ihre Dienste der Architektur zur Verfügung und arbeiteten an den öffentlichen und privaten Gebäuden mit.

Die meisten dieser modernistischen Projekte wurden in der Zone der Stadterweiterung (L'Eixample) umgesetzt. Die Bourgeoisie ließ sich auf das Risiko der ästhetischen Neuheit ein. Von diesem Teil der Stadt aus erreichte die neue Mode die andere Seite des Flusses Túria und die Hafenzone und Viertel in Hafennähe. Auch das Öffnen eines großen Platzes in der historischen Altstadt, auf dem man die große moderne Markthalle errichtete, und das Öffnen einer neuen Zufahrt zur Stadtmitte wurden als eine Hommage an die modernistische Architektur gestaltet.

Die öffentlichen und privaten Gebäude, die in jener wirtschaftlichen Blütezeit im modernistischen Stil errichtet wurden, eine Blütezeit, die den Orangen und den Eisenhütten zu verdanken war, sind die Werke einer bemerkenswerten Architektengeneration: Die wichtigsten sind: Francesc Mora (1875-1961), Demetri Ribes (1875-1921), Manuel Peris Ferrando (1872-1934), José Manuel Cortina (1868-1950), Javier Goerlich (1886-1972) und Vicente Ferrer Pérez (1874-1960). Mora setzte in València die Kenntnisse um, die er in den bekannten Ateliers von Gaudí und Domènech i Montaner in seinen Studentenjahren in Barcelona erworben hatte. Ribes absolvierte seine Ausbildung in Madrid und war ein Experte in der Arbeit des Wiener Architekten Otto Wagner. Ferrer zeichnete sich als Meister in der Anwendung der so genannten Kleinkunst aus. Goerlich, der Sohn des österreichisch-ungarischen Konsuls, war mehrere Jahrzehnte lang der städtische Architekt.

Casa Sánchez de León. Alte Lagerhäuser Illa de Cuba

Casa del Punt del Gantxo

Bahnhof Estació del Nord

Er wurde zwischen 1906 und 1917 von Demetri Ribes in der Nähe des Rathauses errichtet, damit die Zugreisenden direkt ins Stadtzentrum kommen. Die wundervolle Eingangshalle zeigt die mediterrane Lebensfreude im modernistischen Stil. Valencianerinnen in Bauerntracht, saftige Orangen, traditionelle Hütten, Fischer in L'Albufera, Schmiedekunst. Diese Dekorationen in der Eingangshalle zeigen den sozialen und wirtschaftlichen Aufstieg Valencias in der Zeit der Errichtung des Bahnhofes.

Heute hält an diesem Bahnhof auch der Hochgeschwindigkeitszug AVE, und so wird hier die Geschichte der Eisenbahn von der Dampflok bis zum AVE gezeigt. Als der alte Bahnhof eingeweiht wurde, wollte man dem Reisenden einen überwältigenden Anblick der Region zeigen. Und so ließ der Modernisme diese wundervolle Architektur entstehen. Hier werden die Werte und Traditionen der Identität Valencias gezeigt, das Bild eines reichen und fruchtbaren Landes.

Beim Verlassen des Bahnhofes sieht der Reisende in der Nähe des Rathauses einige der elegantesten Häuser der Stadt.

Stierkampfarena

Die Arena gegenüber dem Bahnhof von Sebastián Monleón wurde zwischen 1850 und 1860 nach den neoklassischen Vorgaben des römischen Kolosseum errichtet. An den vier runden Galerien gibt es 384 symmetrische Bögen. Die Stierkampfsaison in València beginnt mit dem Fest der Falles im März. Das Stierkampfmuseum an der Arena erinnert an die größten Erfolge des Valencianischen Platzes.

Fahrkartenschalter im Nordbahnhof

Bahnhofshalle

← Oben der Nordbahnhof, unten die Stierkampfarena

Route durch die Geschäftsstraßen

València ist eine Stadt mit einer langen Handelstradition. Sie war einer der ersten Märkte im Export von landwirtschaftlichen Produkten. Die Viertel Sant Francesc und Eixample sowie die Umgebung der Markthalle Mercat de Colom bilden eine exklusive Einkaufszone mit den besten Marken der Welt. Die Straße Poeta Querol ist eine kleine Insel, die als goldene Meile bezeichnet wird, da man hier die exklusivsten Modemarken Europas findet.

Neben Gebrauchsgütern werden Kunsthandwerk, Mode für Kinder und Erwachsene, modernes Design, neue Technologien und elegante Trendartikel angeboten. Die besten Kleidermarken und Haushaltwarenketten sind in der Straße Colom zu finden. Die vielen Geschäfte und Büros haben es trotzdem nicht verhindert, dass weiterhin die gleichen Menschen in den wundervollen Wohnungen wohnen wie in der Vergangenheit, Wohnungen, die während der Planung des Stadtteils Ensanche entstanden.

In València wird Mode zu sehr unterschiedlichen Preisen verkauft, in den großen Kaufhäusern und kleinen Boutiquen, denn im Angebot findet man führende Marken, Kollektionen junger Designer und lokale Marken. Die valencianischen Modeschöpfer haben viel Erfahrung mit Lederwaren, Strickwaren, Seiden und Naturfasern. In den vielen Schuh- und Taschengeschäften findet jeder etwas nach seinem Geschmack. Auch in den Geschäften mit Haushaltsartikeln und Textilien sieht man interessantes neues Design und viele hochmoderne Objekte zur Raumgestaltung.

Hier kann man wundervolle Souvenirs kaufen. Die Keramik und das Kunsthandwerk haben ihren festen Platz in den Traditionen der Stadt. In den Lebensmittelgeschäften werden wohlschmeckende und duftende Köstlichkeiten verkauft. Buchläden, Fotografie- und Musikgeschäfte bieten eine große Auswahl an Artikeln.

Straße Colom

Straße Císcar

Russafa

Einstige Landgemeinde in Stadtnähe, die 1877 in die Stadt eingegliedert wurde. Sie entstand ung. im 9. Jh. im Süden einer arabischen Siedlung mit einer großen Grünzone, zwei Kilometer von dem Balansiya mit Stadtmauer entfernt. Die Schönheit der Natur des Parks und der Bewässerungsgräben wurden in Gedichten jener Epoche gepriesen, daher der Name *Rusafat* (Garten).

Die ursprünglichen Bewohner von Rusafat brachten auf dem Fluss die Baumstämme aus den Wäldern von Serrans zum Hafen, dazu benutzten sie große Haken. Das Dorf wird auch als *Terra del ganxo* (Land des Hakens) bezeichnet.

Die moderne Stadterweiterung (Eixample) in València integrierte im 20. Jh. das unregelmäßige Straßenmuster dieses Dorfes in die quadratischen Häuserblöcke, und nahm so Rücksicht auf die beiden sehr unterschiedlichen Stadtkonzepte. So gehört auch dieses Viertel zum Distrikt 2.

Heute findet hier ein intensives Kulturleben statt, es gibt viele Anwohner mit Migrationshintergrund, Künstler und Kreative, die hier ein Atelier eröffnet haben. Moderne Kunst teilt sich den Raum mit den Kulturen der neuen Nachbarn, eine junge und offene Atmosphäre, die in El Carme in den 1970ger zu finden war.

Graffiti

Kreatives und offenes Viertel Russafa

↑ Markthalle Russafa   ↓ Volkstümliche und kommerzielle Kunst

Kirche Sant Valer

Das Wahrzeichen des Viertels. Sie wurde 1415 über einer älteren, durch einen Brand zerstörten Kirche errichtet. Der Baumeister Tomàs Lleonard Esteve war für den Bau verantwortlich, die barocken Ausschmückungen stammen von Juan Bautista Pérez.

Markthalle Russafa

Das intensive Leben im Viertel beginnt jeden Morgen auf dem Markt, wo man Produkte verschiedener Kulturen erwerben kann. Die Halle wurde 1957 während des Franquismus als Rathaus errichtet, um die sozialen Bedingungen der Zone zu verbessern. Die schlichten Linien des Gebäudes werden durch die Farben an der Fassade lebendiger. In der Nähe befindet sich das Kloster Mare de Déu dels Àngels, wo Jakob I. die Kapitulation des maurischen Königs von Balansiya zeichnete.

Kuppeln der Kirche Sant Valer

Marktstand

Sala Russafa

Dieses Kulturgebäude entstand durch die Umgestaltung einer Maschinenfabrik in der Straße Denia 55. Ein Saal mit 174 Sitzen, zwei Hörsäle und ein Ausstellungs- und Tagungsraum gehören zu diesem, von Arden Producciones geschaffenem Zentrum.

Sala Russafa

Stadtpark
Jardins del Turia
Ein Fluss ohne Wasser für Freizeit und Kultur

Am Abend Swing tanzen unter der Brücke Pont de l'Exposició

Am 14. Oktober 1957 kam es durch den Fluss Túria zur letzten und tragischen Überschwemmung in València. Die Stadt beschloss, den regelmäßigen Überschwemmungen ein Ende zu setzen und der Fluss wurde aus der Stadt herausgeleitet. Dies wurde durch eine 25-Céntimo-Briefmarke finanziert, die obligatorisch für alle Post in der Stadt benutzt werden musste. Die zwölf Kilometer Flussbett konnten nun anders verwendet werden. Weil die Bürger es forderten, wurden 1980 die ersten Bäume gepflanzt, und heute ist das alte Flussbett die größte Grün- und Freizeitzone der Stadt. Davor gab es einen Plan, hier eine Autobahn anzulegen.Die Europäische Kommission hat Valencia aufgrund der zahlreichen Parkanlagen, Gärten und der guten Umweltqualität zur „Grünen Hauptstadt Europas 2024" ernannt.

↑ Teich im Park Capçalera   ↓ Elefanten im Bioparc

Park Capçalera

Die Architekten Arancha Muñoz, Eduardo de Miguel und Vicente Corell wurden mit einer Hommage an das Wasser in der Stadt beauftragt, und zwar in der höchsten Zone des alten Flussbettes des Túria. Der Park ist wie eine Flusswehr in großen Plattformen angelegt. Er befindet sich dort, wo sich der Túria mit dem letzten Abschnitt des Flusses vereint, im Rahmen des Projektes Plan Sur konstruiert. Von einem Aussichtspunkt aus sieht man die gesamte Anlage: Freizeitboote, Inseln, Pfade und Wald.

Bioparc

Avantgarde-Anlagen, um die Welt der Tiere in Gefangenschaft kennen zu lernen. Dieser neue Zoo ersetzt den alten Stadtgarten, und hier wurden Käfige vermieden. Man sieht die Tiere, die sich frei bewegen können, von weitem. Auf einer Fläche von 10 000 m² werden verschiedene Ökosysteme Afrikas nachgestellt.

Geschichtsmuseum València

Der katalanische Ingenieur und Architekt Ildefons Cerdà errichtete diesen wundervollen Wasserspeicher 1850 aus Ziegelstein. Heute ist er ein Museum. Hier werden, unterstützt durch neue Technologien, die 2 200 Jahre Geschichte der Stadt gezeigt. Dies beweist, dass der Túria heute ein Fluss der Kultur ist, an dessen beiden Ufern sich interessante Institutionen befinden. Das Museum grenzt an den benachbarten Bezirk Mislata.

Ein Fluss für den Sport

Der Park Jardins del Túria ist das Heiligtum der Sportler, ein Treffpunkt für den Sport und Veranstaltungsort für Kultur- und Sportveranstaltungen der Stadt. Das Sportzentrum La Petxina, das ehemalige Schlachthaus aus dem Jahr 1898 am rechten Ufer, bietet Wohnraum und Installationen für Elitesportler.

Säulensaal im Geschichtsmuseum von València

Der Park Jardí del Túria, der ideale Ort für Sport

↑ Brücke Pont del Real ↓ Brücke Pont dels Serrans

Die Brücken

Die Schaffung eines fast eine Million Quadratmeter großen Parks, der 24 Stunden täglich geöffnet ist und den man von jedem Viertel aus schnell erreicht, war die wichtigste Umgestaltung der Stadt València in den letzten Jahrzehnten. Man muss drei Abschnitte nennen: eine von dem Architekten Ricardo Bofill zu Füßen des Palau de la Música im neoklassizistischen Stil entworfene Zone, der Kinderpark Gulliver, von dem Fallas-Künstler Manolo Martín, dem Zeichner Sento Llobell und dem Architekten Rafael Rivera angelegt, und schließlich die Stadt der Künste und der Wissenschaften.

Das alte Flussbett des Túria wird von 20 Brücken überspannt, die Hälfte davon nach 1960 gebaut. Folgende Brücken sind besonders interessant: Pont de la Mar, seit 1933 eine Fußgängerbrücke, von den alten Brücken die Kunstvollste. Dann Pont d'Aragó, die Verlängerung der Gran Via del Marqués del Túria und unerlässliche Verbindung zu den Dörfern am Meer, die Pont del Regne de València, auch die Brücke der Teufel aufgrund der gefallenen Engel an den vier Ecken, die Pont de l'Àngel Custodio, errichtet 1949. Sowie die Pont de l'Exposició von Santiago Calatrava über einer U-Bahnstation errichtet, und die Pont de les Flors, mit Fußgängerwegen und Geraniengärten. Dann die Pont 9 d'Octubre aus dem Jahr 1989, das erste Bauwerk von Calatrava in seiner Stadt.

Brücke Pont de la Mar

Brücke Pont de l'Exposició

Dämon an der Brücke Regne de València

Museum der Schönen Künste

Dieses barock wirkende Gebäude wurde zu Beginn des 18. Jh. für Seminaristen errichtet, aber danach wurde es zu einem Hospital und später zu einem Lager für das Militär. 1925 ging aufgrund des schlechten Zustandes das Gewölbe verloren, es wurde wieder rekonstruiert. Seit den 1940er Jahren befindet sich hier eine wichtige Pinakothek mit klassischen Werken, die sich vorher im Kloster El Carme befanden. Der Renaissancehof des Palastes l'Ambaixador Vich wurde vor ein paar Jahren ebenfalls in das Museum integriert. Er dient als neuer Zugang zu den Jardins del Real.

Die wichtigste Sammlung ist die der gotischen Tafelbilder der primitiven valencianischen Maler, die während der Blütezeit der Stadt im 14. und 15. Jh. wertvolle Kunstwerke schufen. Zu diesen gehören Werke von Jacomart, Pere Nicolau, Damià Forment, Reixach und Falcó. Eine weitere wichtige Sammlung stammt von den Meistern der großen valencianischen Malerei des 19. und 20. Jh. mit Joaquim Sorolla als bekanntestem Künstler dieser Generation und den Malern und Bildhauern Pinazo, Benlliure, Muñoz Degrain, Domingo und Agrasot. Die europäische Malerei wird von El Greco, El Bosco und Van Dick repräsentiert, und ebenso gibt es Porträts von Goya, den Akademismus von José de Madrazo und Vicente López sowie die meistbesuchten Werke von Velázquez, Murillo und Zurbarán.

Innenhof des Embajador Vich

Saal Sorolla

← Retabel-Saal

Park Jardins del Real

Naturkundemuseum

Jardins del Real

Städtische Parkanlage, die vor Jahrhunderten der Park des Königspalastes der Monarchen von València war. Die archäologischen Überreste des Palastes befinden sich unter der Straße General Elio und am Eingang zum Park. In diesem Park gibt es eine Bühne, auf der die Konzerte zur Buchmesse stattfinden sowie eine Allee, auf der die Bücher gezeigt werden. Auf der rechten Seite des Eingangs gegenüber des Flusses kann der Besucher durch ein verschlungenes Labyrinth aus Rondellen und neoklassizistischen Blumenbeeten spazieren. Die letzte Erweiterung des Parks fand 1974 statt, es kamen ein Rosengarten und eine Zypressenallee mit einer Skulptur von Andreu Alfaro hinzu.

Die Umzäunung des Parks stammt aus dem Parterre, dem Garten von La Xerea, der von den Franzosen angelegt wurde. Die Geschichte dieser Zone begann bereits mit dem maurischen König Ali Bufat Muley, der außerhalb der Stadtmauern ein Landhaus errichtete.

Naturkundemuseum

Gebäude in den Jardins del Real, einst ein Restaurant. Es wurde zu einem Ausstellungszentrum für die Wissenschaft umgestaltet. Zu dessen Fundus gehören eine Schenkung von Rodrigo Botet, eine Sammlung der Paläontologie des Quartärs in Südamerika sowie Beiträge der valencianischen Wissenschaftler Eduard Boscà Casanoves, Antoni Cabanilles und Ramón y Cajal.

Jardins de Joaquín Monforte Parrés

Juan Bautista Romero, der Marquis de San Juan, ließ 1848 einen kleinen Palast mit einem romantischen Garten in einer Zone voller Gemüsegärten und aristokratischer Villen errichten. Der Architekt Sebastià Monleón Estellés wurde mit den Arbeiten beauftragt. Die beiden in Stein gehauenen Löwen von José Bellver in diesem Park sollten eigentlich an den Eingang des Kongresses der Abgeordneten, aber diese fanden sie zu klein.

Jardins de Monforte →

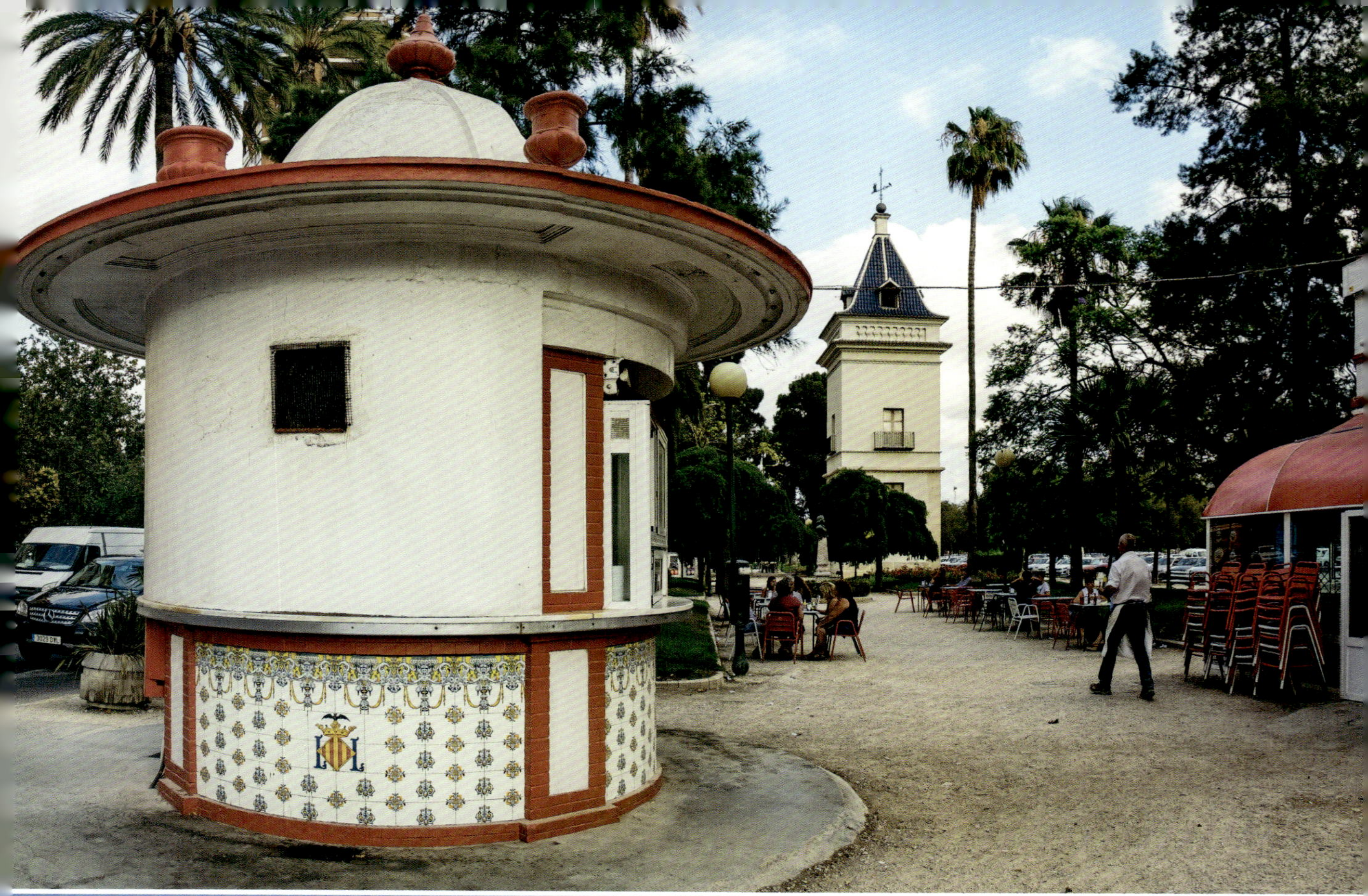

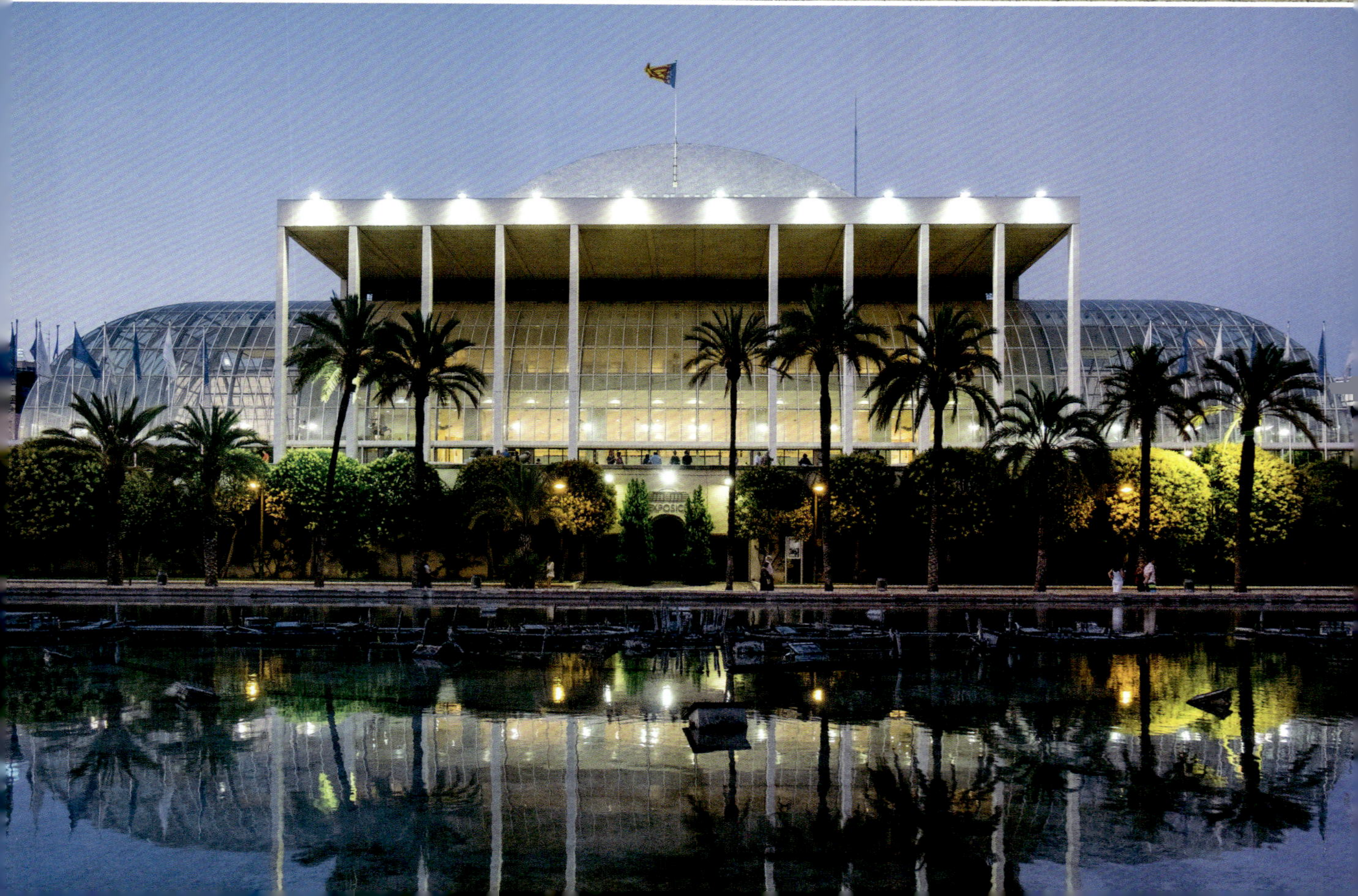

Passeig de l'Albereda

Wiese und Freizeitzone auf der anderen Flussseite. Nach Abriss der Stadtmauer Ende des 19. Jh. die Lieblingszone der Adligen und Großbürger, um ihre Kutschen vorzuzeigen. Ab 1871 wurden hier die Festpavillons des Julimarktes aufgebaut, und es fand der Umzug der Blumenschlacht (*Batalla de les Flors*) statt. Die ersten Pappeln wurde Mitte des 17. Jh. gepflanzt, ihnen verdankt die Allee ihren Namen.

Palau de l'Exposició

Der Architekt Francesc Mora nutzte das Blütejahr Valencias aufgrund der regionalen und nationalen Ausstellungen von 1909 und 1910, um diesen Ausstellungspalast im traditionell valencianischen Stil mit modernistischen Elementen zu errichten. Das benachbarte Gebäude Casa de Lactància stammt ebenfalls aus dieser Epoche.

Palau de la Música

Der wichtigste Konzertsaal der Stadt, ganz in der Nähe befindet sich auch der Opernpalast. Das 1984 von dem Architekten José María García de Paredes errichtete Gebäude besitzt einen Hauptsaal mit ausgezeichneter Akustik. Die Fassade ist ein wunderschönes Glasgewölbe, das an die Kristallpaläste des 19. Jh. erinnert. Von der Terrasse aus kann man die von Ricardo Bofill gestalteten Gärten betrachten. Im Teich befindet sich ein für ein Musik- und Lichtspektakel programmierter Brunnen. Es ist der offizielle Sitz des Orchesters von València. In den verschiedenen Bereichen haben bis zu 2100 Zuschauer Platz.

Riesenrad im Jardí del Túria an der Promenade L'Albereda

Ausstellungspalast

← **Oben die Promenade L'Albereda, unten der Musikpalast**

Stadt der Künste und der Wissenschaften

Neues Stadtbild

Dieses große architektonische Projekt war Teil einer Überarbeitung
der Stadtplanung. Es sollte ein neues Zentrum und ein Gebiet an der alten
Mündung des Túria entstehen, das Touristen anzieht. Gleichzeitig wurde
ein altes Industrieviertel zu einem modernen Wohnviertel. Auf 350 000
Quadratmetern entstand der größte Kultur-, Bildungs- und Freizeitkomplex, der
in den letzten Jahren in Europa errichtet wurde. Heute ist er das Markenzeichen
Valencias im 21. Jh. Hier werden die Kunst, die Wissenschaft und die Natur mit
Infrastrukturen mit der modernsten Technologie gezeigt.

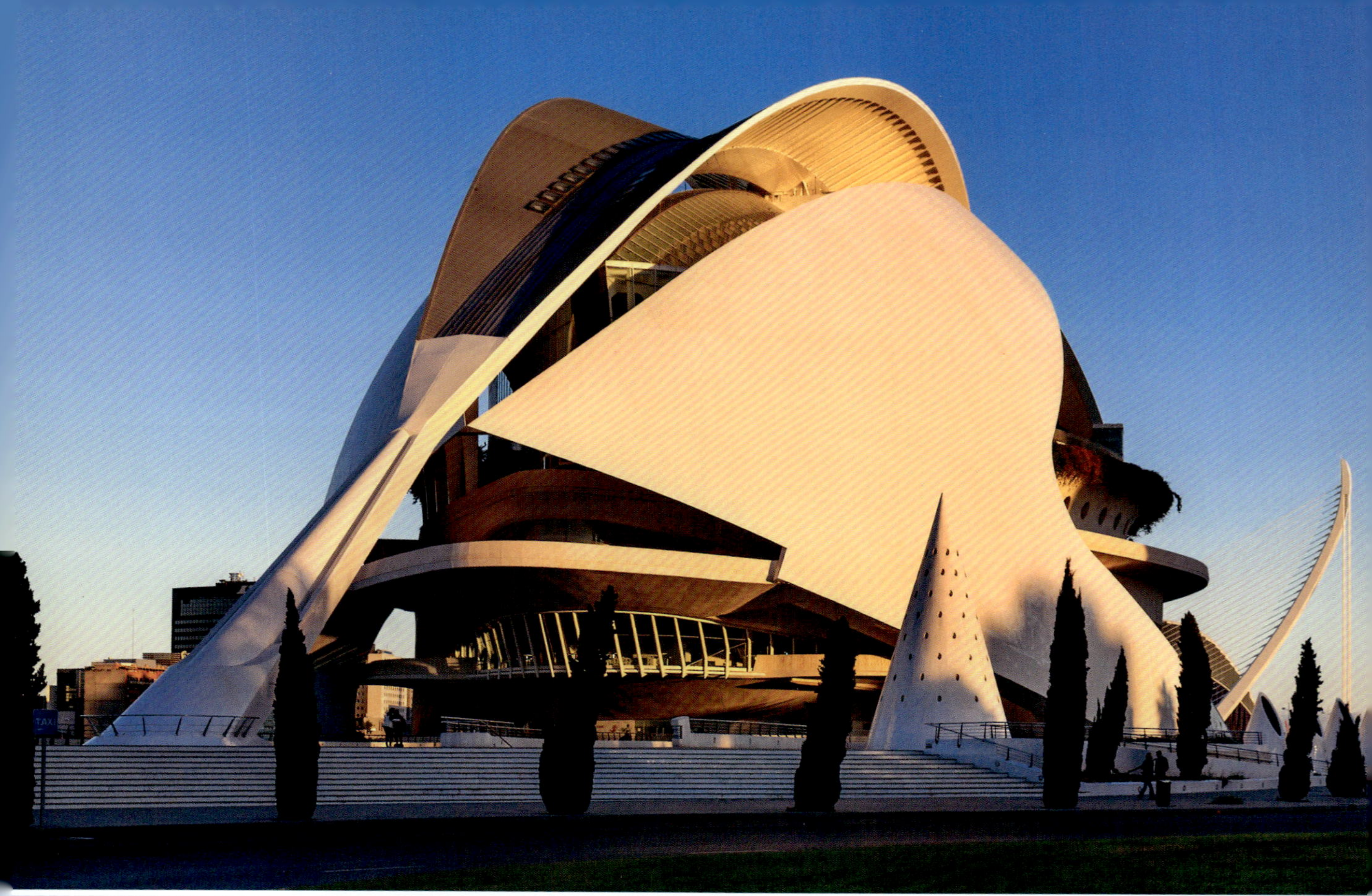

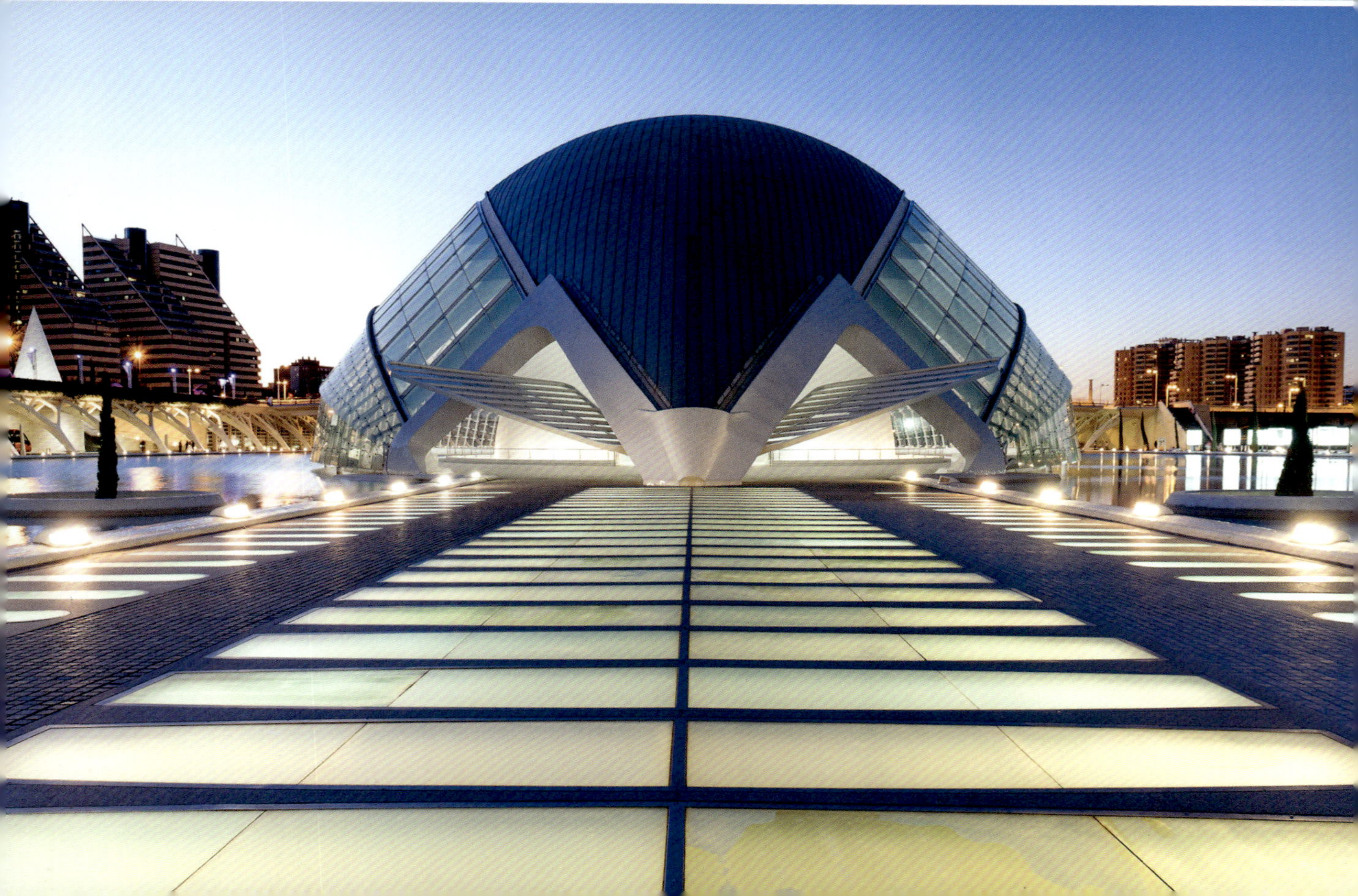

Palau de les Arts

Das erste Kulturgebäude, das 2005 errichtet wurde. Eigentlich sollte auf diesem Grundstück ein Telekommunikationsturm errichtet werden, aber da die Zone ein Luftverkehrskorridor ist, musste man davon absehen. Zwei Gehäuse aus Wälzstahl bilden die äußere Haut des Gebäudes. In den vier Sälen werden zahlreiche Opern, Sinfoniekonzerte und Ballettaufführungen gezeigt.

Es wurde für alle Gebäude weißer Beton verwendet, und viele Wasserstreifen, die sich auf riesige Teiche verteilen, das sind die Mittel, mit denen der Architekt Santiago Calatrava spielt, um das Licht des Mittelmeers und die Nostalgie des verschwundenen Flusses heraufzubeschwören. Calatrava hat in dieser futuristisch wirkenden Zone Valencias alle Bauweisen und Stile vereint, für die er auf der ganzen Welt bekannt ist.

L'Hemisfèric

Dieses 1998 eingeweihte Gebäude dient als IMAX-Kino. Es stellt ein riesiges menschliches Auge dar, das gelassen auf einen großen Teich blickt. Die Augenlider und die Wimpern können mit einem intelligenten hydraulischen System geöffnet und geschlossen werden.

Dies war das erste Gebäude, das in dieser Riesenmetropole der Freizeit entstand. Eigentlich sollte hier nur ein riesiges Wissenschaftsmuseum entstehen. Aber als man mit den Bauarbeiten begann, wurden immer mehr kulturelle Elemente der Bühnenkunst und das Aquarium dem ersten Projekt hinzugefügt.

Zwei Jahre nach Einweihung des Vorführraums wurde das Wissenschaftsmuseum eröffnet. 2002 öffnete das l'Oceanogràfic, das meistbesuchte Gebäude der ganzen Stadt. Und schließlich eröffnete man 2005 den Opernpalast.

Kunstpalast

L'Hemisfèric

Museu de les Ciències

Auf über 42 000 m² auf 5 Etagen hat
der Architekt Calatrava Räume geschaffen, in denen die alten und neuen
Wissenschaften gezeigt werden. Diese
Ausstellungen machen es den Menschen
jeden Alters einfach, die Entdeckun-
gen der Wissenschaft zu verstehen.
Die äußeren Bögen sind über 40 Meter
hoch. Sie stellen die Wirbelsäule eines
Diplodocus dar, und verwandeln dieses
monumentale Gebäude in etwas Un-
wirkliches, in ein futuristisches Bauwerk. Große Wasserteiche umgeben das
Gebäude, und die gewagten architektonischen Formen spiegeln sich im Wasser wider. Diese Atmosphäre hat dazu
geführt, dass die Ciutat in nur wenigen
Jahren zu einer beliebten Plattform für
die Werbung, für Filmproduktionen
sowie für Gesellschafts- und Unter-
nehmensveranstaltungen wurde. Der
Architekt wollte eine visuelle Einheit-
lichkeit schaffen, die durch die *Tren-
cadís*-Arbeiten aus blauen und weißen
zerbrochenen Kacheln entsteht. Diese
modernistische Technik wurde von
Gaudí in Barcelona brillant verwendet.

L'Umbracle

Es stellt den symbolischen Eingang
zu dem großen Freizeitkomplex dar.
Eine über 7 000 m² große Grünzone ist
von einem von Pflanzen bewachsenen
Schattendach aus Metall überdeckt,
geschmückt mit Skulpturen von Yoko
Ono, Miquel Navarro und anderen
Künstlern. Es dient auch als botani-
scher Garten für 50 einheimischen
Pflanzensorten. Unter dem Schattendach befindet sich ein großer Besucher-
parkplatz.

Das Umbracle und die L'Àgora wurden geschaffen, um die vier wichtigsten
Projekte zu ergänzen, die die Wirbelsäule dieser architektonischen und touristischen Baugruppe markieren.

Museum der Wissenschaften

L'Umbracle

↑ L'Oceanogràfic   ↓ L'Àgora und die Brücke Pont de l'Assut de l'Or

L'Oceanogràfic

Unterwasserstadt und das größte Aquarium Europas. Es wurde von dem Architekten Félix Candela, zusammen mit Adrián López, Alberto Domingo und Carlos Lázaro geschaffen. Hier leben über 45 000 Wasserspezien, einschließlich Vögel. Es gibt zehn Zonen, in denen man schnell die verschiedenen Ökosysteme der Weltmeere kennen lernen kann. Jedes Gebäude stellt eine Meeresumgebung dar, das Mittelmeer, kühle und tropische Gewässer, Feuchtgebiete, Ozeane, Arktis, Antarktis und Inseln. Die Arten des Roten Meeres werden in einem großen Aquarium gezeigt, das als Hintergrund für die Bühne des Auditoriums dient. Besonders schön sind die Vorführungen mit Delfinen, die in einem 10,5 Meter tiefen Delfinarium mit 24 Millionen Liter Wasser im Freien gezeigt werden.

L'Àgora. CaixaForum València

Dieses Gebäude, ein Werk von Santiago Calatrava, wurde zunächst für Sportveranstaltungen benutzt. Heute jedoch ist es ein anspruchsvolles Kulturzentrum, finanziert und verwaltet von CaixaForum. Die Umgestaltung, mit der die künstliche Intelligenz allen gesellschaftlichen Bereichen angenähert wird, ist von einem Projekt des Studios Cloud 9 des Architekten Enric Ruiz-Geli inspiriert. Dieser kreative und vielseitige Architekt hat sogar zusammen mit Bob Wilson an szenografischen Vorschlägen gearbeitet. Vielleicht deshalb enthält es Werke von Künstlern wie Frederic Amat, Inma Femenía und Ana Talens, die auf die Natur der Zukunft, das traditionelle Bild der Reisfelder im Naturpark Albufera und auf den Regenbogen anspielen. Im Inneren ragt eine Art Raumschiff aus dem Boden, in dem die Verwendung der künstlichen Intelligenz in der Welt der Bildung gezeigt wird. Außen fällt das große Dach auf, bedeckt von einem typischen kobaltblauen Mosaik.

Pont de l'Assut de l'Or

Die Brücke ist 180 Meter lang und 125 hoch. Ein großer Mast mit Spannkabeln hält die Struktur der Brücke. Der Name stammt von einer Plattform, durch die die Wasserhöhe im Fluss reguliert wurde. Die Brücke verbindet den südlichen Boulevard von València mit der Fortsetzung der vierten Ringstraße.

L'Oceanogràfic

CaixaForum València, Die Wolke

Der Hafen, El Cabanyal und die Strände

Mediterranes València

Wenn man sagt, dass València mit dem Rücken zum Meer lebt, denkt man sicher an die Zeit, als die Poblats Marítims Poble Nou del Mar waren, unabhängige Orte der Landwirte und Fischer, in denen die Bourgeoisie der Stadt den Sommer verbrachte, als es modern wurde, im Meer zu baden. Diese Meeresfront wurde durch die Stadtverwaltung 1897 in die Stadt eingegliedert, aber es blieben viele der alten Traditionen erhalten. Heute gibt es diese soziale Distanz zwischen der historischen Altstadt und den Vierteln am Meer nicht mehr, denn der Handel im Hafen und die Bebauung der Zone und Anlage der Meerespromenade haben viel verändert.

↑ Gebäudes El Rellotge   ↓ Modernistische Lagerhallen mit Shops

TINGLADO Nº 2

Marina de València

Zu Beginn des 21. Jh. hat die Stadt ihre Fassade zum Meer hin wieder entdeckt, und es fand eine tiefgehende Umgestaltung des alten Hafens in eine moderne Hafenanlage statt. Damit förderte man die Innovation der Unternehmensstruktur im Hafen, den Wassersport, das Nachtleben und Restaurants mit moderner Gastronomie. Der gesamte Hafen umfasst eine Million Quadratmeter, und man ist offen für alle zukünftigen Initiativen.

Die strategische Verschiebung des Stadtzentrums in Richtung Osten, die durch die Errichtung der Stadt der Künste und der Wissenschaften erreicht wurde, hat neue gesellschaftliche und touristische Attraktionen an der Küste entstehen lassen.

In den ersten Jahren setzte man auf die internationale Segelregatta America's Cup und auf die Errichtung einer urbanen Formel-1-Rennstrecke. Aber der heutige Hafen von Valencia, La Marina de Valencia, hat sich wieder neu orientiert. Es gibt ein reges Nachtleben, es finden große Open-Air-Konzerte statt und die Installationen für den Wassersport wurden deutlich verbessert. La Marina nimmt einen Teil des alten Hafens ein, in der Nähe des eleganten Gebäudes El Rellotge. Hier befinden sich drei modernistische Gebäude. Die heute als Geschäfte genutzten Hafenschuppen, der öffentliche Stapelplatz aus rotem Ziegelstein und die kommerziellen Docks mit ihrer Ziegelsteinfassade zeugen von den einstigen Tätigkeiten im Hafen. In jener Zeit besaß dieses Küstenviertel sein eigenes Rathaus, also nicht das der Hauptstadt.

Die neuen Deiche sind heute einladende und gut ausgestattete Orte für Wassersportler an der Mittelmeerküste. Die Umgestaltung des südlichen Bereichs in einen großen Veranstaltungsort für Konzerte, den man über die mobile Brücke am Kanal erreicht, hat die Besucherzahlen im Hafen La Marina deutlich erhöht. Auch die Anzahl der Anlegeplätze wurde erhöht und die Dienstleistungen für Megayachten, die an sich schon sehenswert sind, wurden verbessert.

Das Angebot in dieser Küstenzone, die erneut für die Stadt zurückerobert wurde, wird durch Forschungseinrichtungen von Technologiefirmen in den alten Hafengebäuden, neue Restaurants und Anlagen für den Wassersport vervollständigt.

Entspannte Atmosphäre vor dem Uhrturm (Torre del Rellotge)

Morgengrauen im Hafen Marina de València

Les Drassanes

Gotisches Gebäude aus dem 14. Jh.
an der Kirche Santa Maria del Mar,
mit Holzdach und großen Toren für
Schiffe. Jetzt können die Schiffe jedoch
nicht mehr hinein, da in der Umgebung
große Gebäude stehen, die den Zugang
zum Meer blockieren. Das Gebäude
wurde 1980 von der Stadt enteignet und
dient nun als Meeresmuseum und für
interessante Zeitausstellungen.

Gebäude Veles e Vents

Ein Werk des Architekten David Chip-
perfield, in Zusammenarbeit mit dem
Architekturstudio Fermín Vázquez, das
künsterische Wahrzeichen des Hafens.
Man wird das Gebäude direkt mit dem
America's Cup assoziieren. Es steht auf
einem neuen Dock voller Lokale und
Restaurants, und direkt am dem neuen
Kanal, durch den die Schiffe für die Regatta ins Meer gelangten. Hier wurden
vier riesige, versetzte Plattformen angelegt, die Schatten spenden.

In den gotischen Werften

Gebäude Veles e Vents

Casa Calabuig →

↑ El Cabanyal. Volkstümliche Farben und Geschmäcker ↓ Reismuseum

El Cabanyal

Die Poblats Marítims bestehen aus fünf historischen Vierteln. Das erste im Süden, Natzaret, liegt jetzt isoliert, es hat durch die Erdverschiebungen für den großen Hafen nun keinen Strand mehr. Das zweite Viertel ist El Grau an der Hafenzufahrt. Dann folgen die langen Straßen von Cabanyal und Canyamelar. Und schließlich Malva-rosa, das nördlichste Viertel an der Küste.

In jüngerer Zeit hat die Bürgerinitiative *Salvem el Cabanyal*, die die Verlängerung der Avinguda Blasco Ibáñez bis zum Meer verhindern möchte, viel Zulauf gefunden. Durch diese Verlängerung würde sich das traditionelle Aussehen des Viertels stark verändern. Häufig wird die ganze Meereszone als Cabanyal bezeichnet. Schließlich konnten die Bürger ihren Willen gegen die Politik des vorherigen, stark konservativen Rathauses durchsetzen.

In den Straßen fallen die volkstümlichen, mit modernistischen Elementen dekorierten Häuser auf. Die hohen Ziegelschornsteine waren einst Teil von Fabriken, einige davon stellten Alkohol her. Das Museu de la Setmana Santa marinera oder der Osterwoche auf der See, eine uralte Tradition, befindet sich in einer Reismühle von 1902. Dieses Fest findet vor allem an der Kirche Mare de Déu del Rosari (1845) statt. Das Theater El Musical befindet sich im Zentrum von El Cabanyal, und vor der letzten Renovierung war es der Sitz des Ateneu Musical del Port.

Volkstümlicher Modernisme in Cabanyal

Theater El Musical

Paella

Strand Les Arenes

Hier wurde 1888 die erste Badeanstalt der Stadt eröffnet. Heute befindet sich hier ein Luxushotel mit Meeresblick aus allen Zimmern. Die beiden Pavillons im klassisch griechischen Stil, in denen sich die getrennten Umkleidekabinen für Männer und Frauen befinden, blieben erhalten.

Der Architekt Luis Gutiérrez Soto errichtete 1930 die Badeanstalt, zwei Schwimmbecken, eines nur für Kinder, wobei er sich sich bei dem Turm mit dem Sprungbrett und dem Bereich des Lokals nach den Vorbildern der Schiffsarchitektur richtete.

↑ **Strand Les Arenes** ↓ **Kurhotel Las Arenas**

Strand La Malva-rosa

Dies ist der bekannteste Abschnitt des Sandstrands, weil der Maler Joaquim Sorolla und der Schriftsteller Vicente Blasco Ibáñez ihn in ihren Werken verewigten. Einer malte Badegäste und Fischer und der andere schrieb auf dem Balkon seines Hauses, heute ein Museumshaus, seine Romane. In der zweiten Reihe stehen die Sommerhäuser des Großbürgertums von València.

Direkt am Meer führt eine lange, palmenbestandene Seepromenade am Strand entlang, die zu einem beschaulichen Spaziergang einlädt. Es gibt zahlreiche Restaurants, die direkt am Meer Fisch und Paella anbieten.

Wenn man am Abend noch etwas trinken gehen möchte, dann empfehlen sich die Lokale und Terrassenlokale am Strand Patacona (Gemeinde Alboraya). In diesem neuen Wohnviertel, das in dem alten Industriegebiet Vera entstanden ist, gibt es außerdem ein ausgezeichnetes gastronomisches Angebot, und man kann sich für ein paar Tage ein Apartment am Strand mieten.

Museumshaus Blasco Ibáñez

Die Stadt der Zukunft

Das València des 21. Jh.

Kongresspalast

Valencia hat für seine Zukunft fünf Bereiche geplant, die sich ergänzen: die kommerziellen Aktivitäten, die Förderung des Tourismus, die wissenschaftliche Innovation und die Erneuerung der Unternehmensstrukturen. Die Modernisierung des Messepalastes fällt mit einer starken Erhöhung der Hafenaktivitäten und der Geschäfts- und Kongressveranstaltungen zusammen. An der Universität hat die Innovation Priorität, und es gibt Forschungseinrichtungen für Biomedizin in der Stadt. Der Tourismus ist durch mehr Kreuzfahrtschiffe und eine neue Herangehensweise an Sportereignisse zu einem wichtigen Wirtschaftszweig im Wachstum geworden. Der künftige Parc Central wird 230.000 Quadratmeter mit neuen Gartenanlagen, Alleen, Bäumen und Pflanzen umfassen.

↑ **Parc Central** ↓ **Avinguda de les Corts Valencianes**

Parc Central

Die erste Phase des Parc Central in dem Viertel Russafa y Malilla nimmt etwas mehr als ein Drittel der künftigen Gesamtfläche ein. Ein besonders anspruchsvoller Teil dieses Projektes ist es, die Eisenbahngleise des modernistischen Bahnhofs Estación del Norte, die seit einem Jahrhundert die Kontinuität im Stadtzentrum unterbrechen, unterirdisch anzulegen. Die berühmte Landschaftsarchitektin Kathryn Gustafson hat eine grüne Lunge voller Bäume, Teiche, Grünpflanzen und Blumen geschaffen, die sich in die traditionelle Architektur und die verschiedenen Ebenen des dekontaminierten Geländes integriert. Die modernistischen Hallen von Demetrio Ribes, die als Lager der Eisenbahn dienten, wurden als öffentlich genutzte Räume in die gewundenen Promenaden integriert. Ein weißes Gehöft, in dem sich das Verwaltungszentrum des Parks befindet, stellt auch eine Hommage an die valencianischen Gärten dar.

Campus de Tarongers

In der Avinguda de Tarongers wurden zwei neue Campus angelegt, für die Naturwissenschaften und die Geisteswissenschaften. Die Stadt hat parallel zur Avinguda de Blasco Ibáñez einen neuen Weg zum Meer geöffnet. Am Ende der Zone der Schulen und Fakultäten wurde die Ciutat Politècnica de la Innovació errichtet, ein architektonisches Vorbild für die Lehrtätigkeit und Forschung in den nächsten Jahren. Nach einem Projekt des Architekten Luis M. Ferrer Obanos wurde ein Gebäude für verschiedene und zeitlich begrenzte Zwecke aus Materialien errichtet, die durch neue Technologien entstanden.

Avinguda de les Corts Valencianes

Eine der modernsten Straßen der Stadt, die die Stadt durch die Errichtung hoher Wohn- und Bürohäuser in Richtung Nordwesten verlängert. Durch den Bau eines neuen Fußballstadions, neue große Hotels und zahlreiche Restaurants und Lokale wurden die touristischen und baulichen Nutzungen verstärkt, die 1993 durch die Einweihung des Kongresspalastes eingeleitet wurden. Diese neue Straße in der Nähe des Messepalastes sollte ein neues Zentrum im Nordwesten der Stadt entstehen lassen.

Universität von València UV. Fakultät für Recht

Polytechnische Universität von València UPV

↑ **Kongresspalast** ↓ **Auditorium Messe València**

Kongresspalast

Dieses Gebäude von Norman Foster ist die Architekturikone in diesem Teil von València. Das riesige Dach hob sich vor Feldern und Gärten ab, die zum Zeitpunkt der Eröffnung sich noch in dem Viertel befanden. Die Höhe der neuen Gebäude in der Allee verringert diese Wirkung, die das Genie Foster suchte, heute leider. Die Horizontalität des Gebäudes verhindert jedoch nicht, dass das mediterrane Licht und Wärme durch die Fenster dringen. Im Außenbereich hat man einen großen Rosengarten und Teiche angelegt. In den modernen Sälen finden ungefähr 50 Kongresse pro Jahr statt.

Fira València
Messepalast Benimàmet

Die 1917 geschaffene Messe von València, mit der der Export gefördert wurde, hatte Pioniercharakter. Die ständigen Modernisierungen und Erweiterungen der Anlagen in dem Ortsteil Benimàmet wurden durch die Eröffnung des modernen Veranstaltungszentrums vervollständigt, das die zahlreichen Pavillons ergänzt, die kürzlich durch eine globale Renovierung unter dem Architekten José María Tomás Llavador vereinheitlicht wurden. Hier finden im Jahr ungefähr 40 Messen statt, wobei die Möbel- und die Keramikmesse das meiste Publikum anziehen. Etwa hundert Fachmessen und Veranstaltungen ergänzen das kommerzielle Angebot dieser valencianischen Messe.

EDEM
Escola d'Empresaris

Mehrere Gebäude des Yachthafens von Valencia, in denen sich die Einsatzzentralen der Segelteams befanden, die an der internationalen Regatta America's Cup teilnahmen, werden für die Ausbildung von Unternehmern genutzt. Dieses ehrgeizige Projekt wurde von großen valencianischen Unternehmen aus allen Branchen konzipiert. Hier werden nicht nur Universitätsabgänger, die Projekte als künftige Unternehmer suchen, ausgebildet, sondern auch junge Menschen, die an einer beruflichen Karriere in einem an der EDEM beteiligten Unternehmen interessiert sind. Ebenso werden Führungskräfte geschult und Kurse zur Ausbildung neuer Führungskräfte veranstaltet. Eine ähnliche Ausbildungsstätte ist im Hafen von Alicante geplant, an der sich die Unternehmen und Unternehmer aus den südlichen Regionen von Valencia beteiligen sollen.

Rennstrecke Ricardo Tormo

Mit einer geeigneten Infrastruktur für Auto- und Motorradrennen. Sie trägt den Namen des valencianischen Rennfahrers, der zweimal Weltmeister in der 50-cm³-Klasse war. Die Rennstrecke liegt 26 km von València entfernt und bietet 120 000 Zuschauern Platz. Aufgrund des guten Klimas finden hier im Winter viele Rennen europäischer Teams statt.

EDEM

L'Albufera und L'Horta
Die Vorratskammer von València

Naturpark L'Albufera

Die Ebene, die auf beiden Seiten des Flusses Túria entstanden ist, und das reichlich vorhandene Wasser aus Brunnen und Quellen ließ in der Küstenlandschaft von València einen riesigen Gemüsegarten entstehen, der die Haushalte und Restaurants der Region versorgt. Die Umgebung von L'Albufera und der Landkreis L'Horta haben trotz des städtischen Wachstums und neuer Industriegebiete ihren ländlichen Charakter gewahrt. In L'Albufera wird ausschließlich Reis angebaut, und in L'Horta auf verschiedenen Äckern frische Produkte für die Märkte der Stadt.

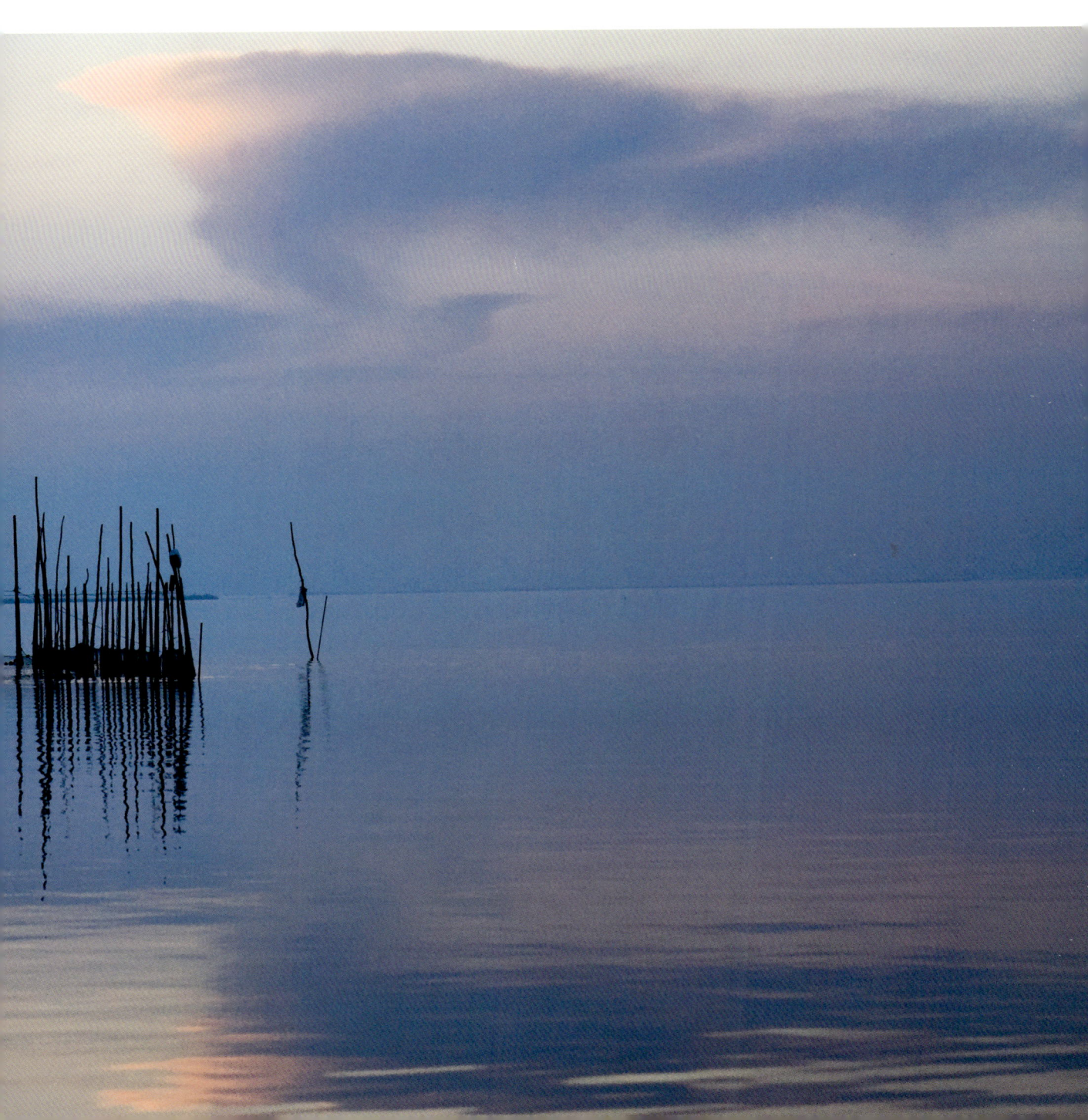

Naturpark L'Albufera

Im Süden von València befindet sich ein Naturpark, in dem der Reisanbau mit dem Natur- und Strandtourismus kombiniert wird.

Jahrhundertelang betrachtete man diese Region aufgrund der stehenden Gewässer als ungesund. Sie diente ausschließlich als Jagdgebiet der spanischen Könige. Im 19. Jh. ging sie als öffentliche Zone in den Besitz der Stadtverwaltung von València über. Die Verwaltung des Parks obliegt heute dreizehn Rathäusern, nachdem die Franco-Regierung versuchte, die Region zu privatisieren. Glücklicherweise wurden nur an einem Teil der Strände des Naturparks Wohnungen gebaut.

Hier befindet sich ein 21 000 Hektar großes Feuchtgebiet, das Zugvögeln auf ihrem Weg zwischen Europa und Nordafrika als Rastplatz dient. Der Süßwassersee, der von den Arabern „Albufera" getauft wurde, ist in Wirklichkeit ein Innenmeer, das vom Mittelmeer durch einen Streifen Dünen und Kiefernwald getrennt ist, durch den die Besucher laufen. Der Kontakt zwischen dem See und dem Meer wird durch drei Kanäle mit Schleusentoren geregelt.

Die Fischer von L'Albufera stellen den Touristen ihre Boote zur Verfügung, um über den See zu fahren und die Fauna und den botanischen Reichtum zu beobachten. Einige haben noch die traditionellen Boote mit Lateinsegel und benutzen Stangen, mit denen sie die Boote über den Seegrund bewegen.

Der schönste Moment für einen Besuch des Parks ist die Abenddämmerung, wenn der Sonnenuntergang den Himmel und die Berge am Horizont in tausend Farben färbt.

Fischer von L'Albufera

Purpurhuhn (*Porphyrio porphyrio*)

↑ **Schutz der Dünen am Strand El Saler** ↓ **Reisfelder**

El Saler

An der Küste des Parks gibt es viele schöne Strände. Der beliebteste Strand ist El Saler, da er mit dem Ortszentrum mit guten Restaurants und Unterkünften verbunden ist. Nach der Naturbeobachtung bietet sich ein erfrischendes Bad im Meer an. Die Strände befinden sich auf der Sandbank der Dünen und Tümpel an der Mündung der Flüsse Túria und Xúquer. Sie entstand aus über Jahrtausenden angeschwemmten Material.

El Palmar

El Palmar ist ein Dorf, das zwischen dem See und den Kanälen des Parks entstand. Die Einwohner sind Experten für das Angeln und die Entenjagd in L'Albufera. In den Straßen gibt es zahlreiche Restaurants, die zu jeder Tageszeit eine ausgezeichnete Paella und andere Valencianische Spezialitäten anbieten, u. a. Aale, Miesmuscheln und frische Meeresfrüchte. Vor El Palmar befindet sich das Beobachtungszentrum für die Vögel des Naturparks.

Die Reisfelder

Im Tiefland wird auf dem Land, das man dem See abgewonnen hat, Reis angebaut. Über ein System zum Anheben des Wasserspiegels werden die Felder im Herbst überschwemmt, so dass der Reis keimt, und im Frühling wird das Wasser abgelassen.

La Barraca, valencianische Hütte

An der Zufahrt nach El Palmar befinden sich noch einige der traditionellen Hütten der valencianischen Gärten, die nicht mehr gebaut und auch nicht als Wohnraum verwendet werden. Es handelt sich um Bauten mit rechteckigem Grundriss und einem sehr schrägen Dach aus Rohr, Stroh und Ried, die in der Umgebung wachsen. Die Wände sind aus Lehmziegeln.

El Palmar

Barraca d'Amparo in El Palmar

L'Horta de València

Als Gemüsegarten von València bezeichnet man die Felder, die die Stadt im Norden und Süden umgeben und die bereits zurzeit der Araber angelegt wurden. Obwohl die Römer bereits vorher Wein, Oliven und Getreide hier anbauten, veränderte die Präsenz der Araber während sieben Jahrhunderten die Landwirtschaft der Region. Sie legten ein großes Bewässerungsnetz und kleine Dämme (Flusswehre) an, mit denen der Wasserstand des Flusses reguliert wurde. So entstand ein großes bewässertes Ackerbaugebiet. In jener Zeit begann man mit dem Anbau von Gemüse, Reis, Erdmandeln, Artischocken und Auberginen, später kamen noch Zitrusfrüchte hinzu.

Aus jener Zeit stammt auch das tausendjährige Tribunal de les Aigües (Gericht des Wassers), eine Institution, die mündlich bei Konflikten über die Verteilung des Wassers durch die vier großen Bewässerungsgräben der Stadt València, Montcada, Tormos, Mestalla, Rascanya, Quart, Mislata, Rovella und Favara, Recht spricht. Dieses Gericht kommt jeden Donnerstagmorgen am Aposteltor der Kathedrale zusammen. Der Brunnen auf dem Platz Mare de Déu ist eine Hommage an diese Bewässerungsgräben.

Der valencianischee Gemüsegarten hat jahrelang nationale und internationale Märkte mit frischen Produkten versorgt. Heute ist die Landwirtschaft nicht mehr erstrangig für die Wirtschaft der Stadt, da die Industrie und die Dienstleistungen, hauptsächlich im Tourismus, viel zum Bruttoinlandsprodukt beitragen. Dennoch hat die geographische Präsenz dieses Ackerbaugebiets den Druck der Besiedlung und Industrialisierung im Vergleich zu den Randgebieten der Stadt deutlich gemindert

Wenn man über den Bulevar Norte und den Bulevar Sur fährt, sieht man immer noch bebaute Felder, Bewässerungsgräben und Güter und Bauernhöfe, die weiterhin die Äcker,

← **Auf dem Fahrrad am Anfang der Via Xurra, im Hintergrund die Cooperativa Espai Verd**

Wassergraben an einem Erdmandelfeld

Gärtner

↑ **Vorbereiten des Bodens für die nächste Erdmandelaussaat** ↓ **Kloster Sant Miquel dels Reis**

Fruchtplantagen, Bewässerungsgräben und Parzellen intensiv auf kleinem Raum ausbeuten. Im Allgemeinen sind die Bauern auch die Landeigentümer, und sie erzielen mehrere Ernten im Jahr.

Orxata aus Alboraia

Auf den Feldern, die Alboraia, ein Dorf im Norden Valencias umgeben, wird vor allem die Erdmandel angebaut, aus der ein erfrischendes Getränk, die *Orxata*, hergestellt wird. Erdmandeln sind kleine knotenförmige Knollen. Der Name *Xufa* stammt aus dem Italienischen und bedeutet Gerstenwasser. Wahrscheinlich waren sie anfangs dunkler und deshalb assoziierte man sie mit Getränken aus Gerste und Mandeln. Zur *Orxata* reicht man in den Horchaterías *Fartons* (leichte Brötchen). *Orxateries* sind Trinkhallen, in denen ausschließlich Erdmandelmilch, *Granizada* und *Llet Merengada* serviert wird.

Kloster Sant Miquel dels Reis

Auf einem Zisterzienserkloster aus dem 14. Jh. wurde im 16. Jh. ein Hieronymuskloster errichtet. Dieses wundervolle architektonische Ensemble befindet sich im Norden der Stadt, von Feldern umgeben, und es ist der Sitz der Biblioteca Valenciana. Es wurde von Germaine de Foix, der Witwe von Ferdinand, dem Katholischen, und ihrem Gatten Fernando, Herzog von Kalabrien und Vizekönig von València, zwischen 1526 und 1550 gebaut, damit die Kirche hier ihre sterblichen Überreste bestattete. Das Kloster wird als ein Vorgänger von El Escorial betrachtet, da es von den Architekten der Renaissance Alonso de Covarrubias und Juan de Vidaña errichtet wurde.

Erdmandeln

In den Gemüsegärten Valencias findet man verschiedene Sorten Bohnen

Feste, Traditionen und Gastronomie

Eine Falla in der *Nit de la Cremà*

Zu Beginn des Frühjahrs und Ende des Sommers finden die meisten Feste in den Dörfern Valencias statt. Fronleichnam war jahrhundertelang das Patronatsfest von València, aber die Falles haben sich als Stadtfest durchgesetzt. Das Fronleichnamsfest im Mai verlor an Bedeutung, und die Festveranstaltungen der Falles gewannen durch die Einbindung des Kultes an die Mare de Déu dels Desemparats an Wichtigkeit. Zu jedem Fest gibt es die typischen Gerichte, jedoch ist die Paella so beliebt, dass sie eigentlich bei allen Festen der Stadt gereicht wird.

Falles

Wenn man zu Frühlingsbeginn im März nach València reist, kann man das traditionelle, dem heiligen Josef gewidmete Fest der Falles erleben (19. März.) Ab dem 1. März und insbesondere vom 16. bis 19. März füllen sich die Straßen mit Schießpulver, Feuerwerk, Kunst und Musik, begleitet von hunderten von Figuren aus Holz und Karton. Die Szenen der *Ninots* (Kartonfiguren), die typisch für die Falles sind, karikieren und kritisieren das Leben in València und die Gebräuche der Gegenwart im Allgemeinen. Jede Falla hat in ihrem Viertel einen Ausschuss, der sich das ganze Jahr über im Vereinslokal trifft, organisiert und finanzielle Mittel sucht. Die größten Figuren der Falles sind in València zu finden, aber auch in den umliegenden Dörfern werden sie gebaut.

Ofrena

Die Fallers veranstalten einen Umzug mit Blumen vor der Jungfrau Mare de Déu dels Desemparats. Die Sträuße sind aus Nelken gebunden. Jedes Jahr wird die Farbe der Blumen entsprechend dem Kleid gewählt, das für die große Statue der Gottesmutter ausgesucht wurde.

Mascletà

Um 14 Uhr kommen tausende von Menschen auf dem Rathausplatz zusammen. Zehn Minuten machen die Feuerwerkskörper einen ohrenbetäubenden Lärm. Nur in der *Nit del Foc* (Nacht des Feuers) darf man sie außerhalb dieses Platzes zünden.

Falles-Museum

Dieses Museum wurde gegründet, um die Ninots zu zeigen, die jedes Jahr vor dem Feuer gerettet werden, das in der Nacht des 19. alle Falles verbrennt. Die Bürger der Stadt wählen jedes Jahr die schönste Figur.

Fronleichnam

Im Mittelalter war dies das große Stadt-fest. Die Handwerkszünfte und die verschiedenen Stände des städtischen Lebens veranstalteten eine Prozession mit Karossen, Figuren, die biblische Szenen darstellen und Vertretern der Pfarrgemeinden. Das Datum ändert sich, Fronleichnam, fällt immer auf den ersten Sonntag der Oktav des Pfingstfestes.

Das Programm besteht aus verschiedenen Episoden, die in den schönsten Straßen der historischen Altstadt stattfinden. Es beginnt dem eröffnenden Umzug, mit Zwergen und Riesen, den berühmten Tänzen und dem Schütten von Wasser auf die organisierende Truppe.

Am Nachmittag findet ein Umzug der von der Kavallerie gezogenen Triumphkarren (*Carros Triomfals*) statt. Und schließlich marschiert die Gran Custòdia (große Monstranz) vorbei, begleitet von den Abendmahlgängern der historischen Pfarrgemeinden.

La Custòdia

Eine der schönsten Mostranzen Spaniens. Die Silberverzierungen wiegen 600 kg und die Elemente aus Gold 8 kg. Die Menschen werfen Rosenblätter von den Balkonen der La Seu und El Mercat auf sie.

Les Roques

Mittelalterliche Karren, die zum ersten Mal 1373 am Umzug teilnahmen. Zwei Nächte vor Fronleichnam werden sie auf der Straße von den Festteilnehmer gezogen, um auf dem Platz Mare de Déu von den Menschen bewundert zu werden.

La Moma

Sie repräsentiert die Tugend, umgeben von den sieben Todsünden, mit denen sie mehrere Tänze tanzt. Unter der Kleidung verbirgt sich ein Mann mit Maske und einem weißen Rock.

Das ganze Jahr über

In València gibt es Feste für jeden Geschmack und jeden Glauben. Der Festkalender hält an Traditionen wie den *Traques* (Krachern) und Feuerwerk fest, es gibt Musikkapellen und Volkstänze. Die Industrialisierung hat nicht verhindert, dass die Feste immer noch eine Welt des Handwerks in Verbindung mit dem künstlerischen Schaffen widerspiegeln. Wir möchten nur einige der Feste nennen. An jedem 9. Oktober wird daran erinnert, wie Jakob I. im Jahr 1238 València von den Arabern zurückeroberte. Dies ist der Nationalfeiertag Valencias, da er für den Beginn der Selbstverwaltung steht. Die Osterwoche wird nur in den Küstenvierteln gefeiert. Zu den schönsten Prozessionen zählen Sant Soterrar und Desfilada de Glòria. Am 23. Juni wird die kürzeste Nacht des Sommers gefeiert. Das Ritual ist es, siebenmal über die Wellen springen, damit die Wünsche in Erfüllung gehen. Dann isst man an einem der Johannisfeuer zu Abend. Am zweiten Maisonntag wird die Gottesmutter Mare de Déu dels Desemparats von ihrer Basilika zur Kathedrale getragen, die Prozession führt durch die historische Altstadt. Sie ist seit 1885 die Schutzpatronin der Stadt.

Die Jungfrau Mare de Déu dels Desemparados

Die *Senyera* (valencianische Flagge) am 9. Oktober

Feste in den Landkreisen

Aber im Allgemeinen weicht der Festkalender der Landkreise eher von dem der Hauptstadt ab. In Ontinyent, Bocairent und Albaida erinnert das Fest der *Moros i Cristians* (Mauren und Christen) an die jahrhundertelangen Konflikte zwischen diesen beiden Völkern. Auffallend sind die luxuriösen Trachten und die Entrades und Ambaixades. Als Muixeranga bezeichnet man die verschiedenen Tänze und Menschentürme, die am 7. und 8. September in Algemesí gezeigt werden. Das Couplet, das mit dem *tabalet* und der *dolçaina* aufgeführt wird, ist sehr beliebt. Das Fest Cordà de Paterna findet im Morgengrauen nach dem letzten Augustsonntag statt. Bei einem nächtlichen Feuerwerk werden über 2000 Feuer-werkskörper pro Minute abgebrannt. Die Fogueres de Sant Antoni Abad leiten Mitte Januar die Feste des Feuers ein. Das Feuer von Canals ist mit 20 Metern das höchste. Auch die Tomatina de Bunyol ist der Erwähnung wert. Sie findet am letzten Mittwoch im August auf dem Dorfplatz statt, zu dem Lkws mit Tonnen reifer Tomaten kommen, die von den tausenden, weiß gekleideten Teilnehmern geworfen werden.

Mauren und Christen

La Muixeranga

La Tomatina

Gastronomie

In València werden alle frischen Produkte aus den umliegenden Feldern zu jeder Jahreszeit gegessen, sowie die vielen Fische und Meeresfrüchte, die von der Fischbörse kommen. Auch Fleisch aus den umgebenden Höfen und Reis aus L'Albufera wird gerne verzehrt. Hinzu kommen Zitrusfrüchte und Weinstöcke sowie andere Obstbäume, so dass die Gastronomie sehr vielseitig ist.

Die unzähligen Reisgerichte machen aus diesem Getreide die grundlegende Zutat der kulinarischen Kultur Valencias. Die typische Paella wird auf dem Holzgrill zubereitet. Zu dem Gemüse der Saison kommen Huhn und Kaninchen und sogar Schnecken. In manchen Regionen werden Paprika, trockene Bohnen und Schweinerippchen verwendet. Eine Paella ist ein dankbares Gericht, für das man fast alle Zutaten verwenden kann.

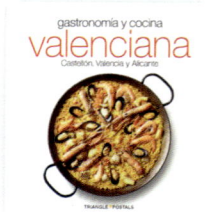

Valencianische Gastronomie und Küche
ISBN: 978-84-8478-592-7

Esgarrat

Vorspeise aus rotem, gebratenem und in Streifen geschnittenem Paprika, gehacktem Knoblauch und feinen Stückchen von zerrupften Stockfisch. Sie wird mit geröstetem Brot serviert. Die Paprika werden auf Holzkohle gegrillt.

Gefüllte Paprikaschoten

Auf Valencianisch heißen sie *Bajoques farcides*. Die roten Paprikaschoten werden mit Reis gefüllt, gekocht mit Tomate, Knoblauch, Thunfisch, roten Bohnen, Zimt und Safran. Sie bleiben anderthalb Stunden im Backofen und werden dann 30 Minuten gekocht.

Fideuà

Der Legende nach wollten die Fischer auf dem Meer eine Paella zubereiten. Da sie keinen Reis hatten, benutzten sie Nudeln. Sie wird mit Krevetten, Kaisergranat, Tintenfisch, Seeteufel, Kalmar und kleinen Fischen zubereitet.

Paella Valenciana

Mit Hühnerfleisch und Kaninchen, grünen Bohnen, gehackten Tomaten, frischen Bohnen der Sorte Garrafó, weißen Bohnen und Safran. Am Ende kommt der Reis hinzu, und sie wird langsam 13 Minuten gekocht.

Gebackener Reis

Kichererbsen und in Scheiben geschnittene Kartoffeln sind die Grundlage dieses Gerichtes. Hinzu kommen Rippchen und Speck, und alles wird in einem Tontopf gekocht. Zuletzt wird der Reis hinzugefügt. Das Gericht wird mit Blutwurst und Knoblauchzehen serviert.

Arròs negre

Der schwarze Reis ist ein typisches Meeresgericht, das mit Krevetten, Tintenfisch und kleinen Fischen gekocht wird. Die Tinte des Tintenfischs färbt den Reis schwarz. Er wird relativ cremig serviert. Dazu wird Allioli (Knoblauchmayonnaise) gereicht.

Arnadí aus Kürbis und Süßkartoffeln

Nachtisch arabischen Ursprungs, der Kürbis in ein im Ofen mit Zucker, Mandeln und Pinienkernen gebackenes Gebäck verwandelt. Hinzu kommt ein Brei aus Süßkartoffeln. In manchen Dörfern wird dies in der Osterwoche gegessen.

Und auch...

Auf den Touristenrouten außerhalb der Stadt kann man ein wundervolles künstlerisches Erbe entdecken, sowie Zentren der Spiritualität, arabische Siedlungen, kunsthandwerkliche Traditionen, den Einfluss der Römer und die musikalischen Wurzeln. Die Vormacht Valencias am Mittelmeer im 15. Jh. hat tiefe Spuren hinterlassen. Die Landschaft ist von hohem Wert, insbesondere die Reis- und Zitrusplantagen.

Keramik aus Manises

Manises und Paterna waren die Zentren der Keramikproduktion. In Manises hat man die arabischen Traditionen der goldenen Reflexe und Spuren und die Farben Blau auf Weiß erhalten. In Paterna arbeitet man mit Grün und Dunkelviolett.

Klöster

Santa Maria de la Valldigna, El Puig, Portaceli, Sant Jeroni de Cotalba, Llutxent und La Murta zeigen den kulturellen Einfluss dieser zahlreichen Klöster. Sie befinden sich meist an wundervollen Orten.

Arabische Stadtmauern

Die schönsten sieht man in der Altstadt von Alzira, aber es blieben auch andere Festungen erhalten, die aus den sieben Jahrhunderten der Anwesenheit der Araber an Burgen und Kirchen erhalten blieben.

Musikkapellen

Eine tief verwurzelte Tradition auf den Festen Valencias.
Kinder und Jugendliche lernen Musikinstrumente im Unter-
richt der Kapellen. Die beiden bekanntesten haben ihren Sitz
in Llíria.

Sagunt

Wiege der Romanisierung, es blieb eine Burg auf einem Hügel an der Via Augusta erhalten. Am Berghang wurde ein rö-
misches Theater angelegt, wo das Sommerfest stattfand.

Palau Ducal de Gandia

Ein Herrenhaus am Fluss, das man im Stadtzentrum von
Gandia besuchen kann. Es blieben der gotische Waffenhof
und eine vergoldete Galerie aus dem 17. Jh. erhalten. Es gehörte dem heiligen Franz von Borja.

Carcaixent

In dieser Stadt der Ribera entstand 1781 die erste Orangen-
plantage. Das Fremdenverkehrsamt bietet eine touristische
Route zu dem Almacén de la Ribera an, eine Agrarstation,
und durch den Park Navarro Daràs und die Gärten der Zone.

Herausgeber
© **Triangle Postals**

Text
© **Jaime Millás**

Fotografien
© **Joan Colomer**, klappe, s. 12a, 13a, 18ab, 19b, 21ac, 24ab, 25a, 26abc, 27c, 30b, 31ab, 34, 35a, 36, 38c, 45b, 49ab, 51b, 54bc, 55ac, 57abcd, 62d, 66a, 72a, 80ab, 81ab, 92ab, 93a, 94a, 95, 99, 102b, 103b, 110a, 111ab, 112, 113a, 114b, 126abc, 127b, 129ac © **Hans Hansen**, s. 13b, 22, 23abc, 32ab, 38a, 42a, 43a, 45c, 52, 55b, 56bc, 67abc, 68ab, 69abc, 70, 75bc, 90, 93b, 120, 121abc, 127a, 140b, klappe © **Rafa Pérez**, Abdeckung , s. 5, 15c, 17b, 19ac, 20ab, 25b, 27a, 30a, 35b, 38b, 44a, 45d, 56a, 58, 61b, 62abc, 77a, 78b, 84b, 86a, 87ab, 88a, 94b, 96b, 97c, 103a, 113b, 114a, 127c, 140a © **Laia Moreno**, s. 2, 6, 7, 10, 11ab, 12b, 14ab, 15b, 16a, 17a, 24c, 33b, 37a, 39c, 41b, 42b, 43b, 44b, 45a, 46, 47b, 48, 50, 51ac, 53ab, 54a, 60, 61a, 64ab, 65b, 66b, 73b, 74ab, 75a, 85ab, 88b, 89b, 97b, 98b, 100, 102a, 104a, 105, 118, 119ac, 140c © **Ricard Pla**, s. 16b, 21b, 28ab, 29abc, 33a, 37b, 41a, 47ac, 53c, 65a, 78a, 79, 96a, 98a, 106 © **Biel Puig**, s. 15a, 27b, 39ab, 40ab, 73a, 76, 77b, 82, 84a, 86b, 129b © **Oriol Aleu**, s. 108, 109a, 115ab, 124abc, 125abcd, 127d © **Pere Vivas**, s. 4, 63ab, 89a © **Lucas Vallecillos**, s.116 © **Agència Districte i Handrich**, s. 39c © **CAHH**, p. 26a © **Agència Valenciana del Turisme**, s. 122a, 123abc © **Feria Valencia**, s. 104b © **Església de Sant Nicolau de Bari i Sant Pere Màrtir**, s. 22, 23abc © **Joan M. Linares**, s. 110b © **Kai Fosterling**, s. 97a © **Mateo Gamón**, s. 72b © **Sebastià Torrents**, s. 109b © **Turismo Valencia**, s. 122b

Künstlerische Leitung
Ricard Pla

Design
Joan Colomer

Übersetzung
Susanne Engler

Druck
Gongraf

Hinterlegung del Pflichtexemplare
Me 358-2017

ISBN
978-84-8478-767-9

Gedruckt in Barcelona
8-2024

TRIANGLE POSTALS, SL
Sant Lluís, Menorca
Tel. +34 971 15 04 51
www.triangle.cat

Wir danken
Agència Valenciana del Turisme
Bolsa de Valencia
Bombas Gens Centre d'Arts Digitals
Catedral de València
Centre Cultural de Beneficència
Centro de Arte Hortensia Herrero
Circuit de la Comunitat Valenciana Ricardo Tormo
Col·legi d'Art Major de la Seda
Feria Valencia
IVAM Institut Valencià d'Art Modern
Museu d'Història de València
Museu de Belles Arts de València
Oceanogràfic València
Església de Sant Nicolau de Bari i Sant Pere Màrtir
Palacio de Congresos de Valencia
Pouet de Sant Vicent Ferrer
Universitat de València – Jardí Botànic
Turismo Valencia
Hotel Venecia

Triangle▸Books

www.triangle.cat

València

Durch die Straßen Valencias schlendern Reisende, die nach den biographischen Spuren eines Malers, eines Schriftstellers oder eines Musikers suchen. Auch die, die vor Ort die Schönheit und Grandezza eines Baudenkmals bewundern möchten, um das sich Legenden und Mythen ranken, finden in València, was sie suchen. In dieser Stadt kann man Landschaften finden, die der Schauplatz eines Films, eines Romans oder einer Fernsehserie sind. Jeder Besucher kann sich je nach Geschmack und Interessen eine mehr oder weniger komplexe Route zusammenstellen, die davon abhängt, wie viel Zeit ihm zur Verfügung steht und wie groß die körperlichen Anstrengungen sein sollen.

Route von Sorolla und Blasco Ibáñez

Man kann die Biographie von **Joaquim Sorolla** anhand eines Schilds an seinem Geburtshaus (Mantes, 8) im Viertel El Mercat und in Sant Francesc sowie in der Kirche Sant Martí verfolgen, in der er sich mit Clotilde, der Tochter des berühmten Fotografen Antonio García verheiratete. Im Kloster El Carme erlernte er das Malen. Und im Museum der schönen Künste werden seine Werke ausgestellt. Ein Denkmal am Platz Armada Espanyola erinnert an seine Gemälde vom Strand.

Auch der Schriftsteller Vicente Blasco Ibáñez ließ sich vom Meer inspirieren, wenn er in seinem Haus in Malvarrosa schrieb, heute ein Museumshaus. Er wurde in der Straße Editor Manuel Aguilar geboren. Im Viertel El Mercat erinnert eine Skulptur von Nassio Bayarri an den Schriftsteller, der in seinen Romanen die Stimmung dieses Viertels wiedergab.

Route Sorolla

1 Geburtshaus (C/ de les Mantes) **2** Alte Handwerkerschule
3 Centre del Carme **4** Erstes Malatelier **5** Zweites Malatelier
6 Treppenstufen der Llotja de la Seda (Seidenbörse) **7** Kirche
Sant Martí **8** Museumshaus Benlliure **9** Ausstellungspalast
10 Museum der Schönen Künste **11** Strand La Malva-rosa
12 Casa del Bous **13** Denkmal València an Sorolla.

Route Blasco Ibáñez

1 Geburtshaus (C/ Editor Manuel Aguilar) **2** Mercat Central
3 L'Albereda **4** Universitat Literària **5** Plaça del Forn de Sant
Nicolau **6** Lo Rat Penat **7** Teatro Principal **8** Museumshaus
Vicente Blasco Ibáñez **9** Centre d'El Carme **10** El Cabanyal
11 Strand La Malva-rosa **12** Horta de València **13** L'Albufera
14 Plaça Porxets **15** Bibliothek Velenciana (Kloster Sant Miquel dels Reis).

Modernistische Route

Es gibt in València fünf interessante modernistische Zonen. Die Erste ist Eixample und Mercat de Colom. Der Bahnhof Estació del Nord und die Umgebung des Rathauses stellen die zweite Zone voller interessanter Architektur dar. Die dritte Zone ist Mercat Central. Auf der anderen Flussseite liegt die vierte modernistische Zone: der regionale Ausstellungspalast von 1909 und der nationale von 1910. Und schließlich kann man in den Poblats Marítims die volkstümliche Version des Modernismus und die Hafenschuppen bewundern.

L'Eixample **1** Casa Sancho (Gran Via Marqués del Túria, 1) **2** Casa Ortega (Gran Via Marqués del Túria, 9) **3** Casa Noguera II (Gregori Maians, 3) **4** Mercat de Colom (Jorge Juan, 19) **5** Edifici Bernardo Gómez (Jorge Juan, 9) **6** Casa dels Dragons (Jorge Juan, 1-3) **7** Casa Cortina (Sorní, 23) **8** Casa Tatay (Gran Via Marqués del Túria, 63) **9** Casa Barona (Gran Via Marqués del Túria, 70) **10** Casa Chapa (Gran Via Marqués del Túria, 71) **11** Casa Peris (Ciril Amorós, 74) **12** Casa Ferrer (Ciril Amorós, 29).

Nordbahnhof - Rathausplatz - Carrer de la Pau
13 Nordbahnhof (Xàtiva, 24) **14** Fassade des Rathauses
15 Casa Noguera I (Plaça de l'Ajuntament, 22) **16** Casa
Suay (Plaça de l'Ajuntament 23) **17** Banco de la Exportación
(Exportbank) (Pascual i Genís, 2) **18** Edifici Niederleitner
(Pascual i Genís, 22) **19** Casa Grau (Pau, 36) **20** Casa Sagnier
(Pau, 31) **21** Wohngebäude (Pau, 21-23) **22** Wohngebäude (Pau, 46).

Mercat Central - La Seu **23** Mercat Central **24** Casa
Ordeig (Plaça del Mercat, 3) **25** Casa del Punt de Gantxo
(Plaça de l'Almoina, 4).

Ausstellungspalast **26** Regionaler Valencianischer
Ausstellungspalast von 1909 (Galícia, 1) **27** Kurbad L'Albereda
(Amadeu de Savoia, 14) **28** Palau de la Indústria (Amadeu de
Savoia, 13).

Poblats Marítims **29** Hafenschuppen **30** Stapelplatz
31 Handelsdocks **32** Hospital València al Mar (Riu Tajo, 1)
33 Volkstümlicher Modernismus in Cabanyal (Reina, 61, 80,
164, 173) (Barraca, 198, 252) (Lluís Navarro, 219, 249, 305, 309) (Progrés,
262, 279) (Josep Benlliure, 275, 316, del 313 al 329) (Eduard Escalante, 225,
244, 263, 265).

Route zu Fuß durch die historische Altstadt

Man kann zu Fuß in etwas über einer Stunde die wichtigsten Orte der Altstadt, die noch bis Ende des 19. Jh. von einer Stadtmauer umgeben war, kennen lernen. Von den Türmen Torres de Serrans bis zu den Türmen de Quart, vorbei an dem Sitz der Generalitat (Landesregierung), den Corts Valencianes (Gerichte), dem Rathaus, der Diputació (Abgeordnetenhaus) sowie den wichtigsten gotischen, barocken, neoklassizistischen, römischen und arabischen Bauwerken der Stadt, und an der belebten modernistischen Markthalle.

1 Torres dels Serrans **2** Palau dels Borja. Corts Valencianes **3** Palau de Baylia. Diputació **4** Palau del Marqués de la Scala **5** Palau de la Generalitat **6** Basílica de la Mare de Déu dels Desemparats **7** Kathedrale von València **8** Plaça de la Reina **9** Almoina **10** Almodí **11** Palast Marqués de Dosaigües **12** Palast Boïl d'Arenós **13** Rathaus València **14** Llotja de la Seda **15** Mercat Central de València. **16** Torres de Quart

Die Seidenstraße

In dem Col·legi de l'Art Major de la Seda erfährt man viel über einen der Wirtschaftszweige, der bis zum Ende des 19. Jh. eine große Rolle in der Stadt spielte. Die benachbarte Buchhandlung Patagonia zeigt, dass Valencia bis 2020 die europäische Hauptstadt der Internationalen Seidenstraße War, 9 090 Kilometer von Xi'an entfernt, wo sie beginnt. Im Viertel Velluters befanden sich einst die Seidenwerkstätten. In der Llotja wurde mit Seide gehandelt.

Valencianische Falles-Route

Während des Festes der Falles füllen sich die Straßen mit wunderschönen Seidenkleidern. Bei der Blumengabe an die Schutzpatronin der Stadt auf dem Platz de la Mare de Déu zeigen sich tausende von Falleres in bunten, gemusterten Kleidern. Auf dieser Route sieht man die Falles (Pappmachéfiguren), die die wichtigsten Preise erhalten haben. Während der Mascletà am Mittag versammeln sich auf dem Rathausplatz die „Fallera Major" und ihr Hof. Um die Skulpturen zu sehen, die nicht verbrannt wurden, besuchen Sie das Falles-Museum.

Seidenstraße: 1 Col·legi de l'Art Major de la Seda (Kammer der großen Seidenkunst) **2** Buchhandlung Patagonia **3** Llotja de la Seda (Seidenbörse) **4** Plaça de la Mare de Déu | **Falles: 5** Rathausplatz **6** Na Jordana **7** Plaça del Convent de Jerusalem **8** Plaça del Pilar **9** Cuba **10** Sueca-Literat Azorín **11** Regne de València-Duc de Calàbria **12** Almirall Cadarso-Comte Altea **13** Falles-Museum.

València mit dem Fahrrad

Da die Stadt sehr flach ist und es kaum regnet, eignet sie sich gut zum Radfahren. So kann man sie ohne Eile kennen lernen. Die Distanzen innerhalb des Stadtzentrums sind nicht sehr groß. Auch die Strecken vom Zentrum zum Hafen und den Stadtstränden sind leicht und problemlos zu bewältigen.

Valenbisi ist ein Dienstleister, der ein Bike-Sharing anbietet, bei dem man das Fahrrad an einem Ausgangspunkt abholen und am Ende der Route durch die Stadt wieder abgeben kann. Es gibt auch viele Fahrradvermietungen in den touristischen Zonen, also in der Altstadt und in der Nähe des alten Flusslaufes.

Ein 5 Kilometer langer, ringförmiger Fahrradweg entlang der alten Stadtmauer folgt der Strecke des Omnibus 5-Interior. Auf dieser Strecke erhält man einen Einblick in alle typischen Viertel Valencias. Von dem inneren Ringweg gehen

0   100   200 m

— Radweg   — Fahrradroute   🚲 Stationen von **Valenbisi** in der Nähe der Route | www.valenbisi.es

● ●

sieben Abzweigungen ab, die vom Stadtzentrum zur Universität, zum Hafen und zu den Stränden im Norden und Süden und anderen interessanten Punkten führen.

Die Strecke durch den Park Jardins del Túria ist die angenehmste, denn hier gibt es keinen Verkehr.

Eine anspruchsvolle Strecke für sportliche Fahrer sind die 24 km hin und zurück entlang der Küste und den Stränden im Süden bis zum Naturpark L'Albufera.

València Fahrradroute

1 Park Jardins del Túria **2** Torres dels Serrans **3** Plaça de Manises **4** Plaça de la Mare de Déu **5** Kathedrale und Micalet **6** Plaça de l'Almoina **7** Palast Marqués de Dosaigües **8** Antiga Universitat de València **9** El Patriarca **10** Brücke Pont de l'Exposició **11** Alte Tabakfabrik **12** Ausstellungspalast **13** Brücke Pont de les Flors **14** Palau de la Música (Musikpalast) **15** Stadt der Künste und der Wissenschaften **16** La Marina de València **17** Passeig Marítim (Seepromenade).

Routen durch Albufera

Man kann den Naturpark L'Albufera zu Fuß bei den Dünen, oder im Boot auf dem See kennen lernen. An verschiedenen Fischerkais werden Boote vermietet, mit denen man auf den See fahren und die Tier- und Pflanzenwelt beobachten kann. In El Palmar befinden sich das Interpretationszentrum (Centre d'Interpretació) des Naturparks, in Racó de l'Olla und ein Beobachtungsturm, von dem aus man die Zugvögel beobachten kann, die im Röhricht von Mata del Fang nisten.

Wanderstrecke durch Albufera

Man kann die ausgewiesenen Wanderstrecken an verschiedenen Punkten beginnen. Halten Sie sich immer an die Anweisungen und Normen des Parks.
La Devesa de l'Albufera: 1 Botanische Strecke **2** Strecke der Sinne **3** Historische Strecke El Saler **4** Historische Strecke Pujol **5** Freizeitstrecke am Strand **6** Landschaftsstrecke | **Naturpark L'Albufera de València: 7** und **8** Rote Strecke: El Racó de l'Olla **9** Grüne Strecke: Na Molins **10** Blaue Strecke: Port de Catarroja - Tancat de la Pipa.

L'Horta auf dem Fahrrad
Über die Via Xurra

Die Via Xurra ist eine Radwanderstrecke, die über einen alten Schienenweg verläuft und die landwirtschaftlichen Gemeinden von L'Horta Nord von València durchquert. Sie verdankt ihren Namen der Eisenbahnlinie, die die Hauptstadt von Túria mit Zaragoza verband, die Via Xurra. Die Aragonesen und Valencianer im Inland, die Spanisch mit aragonesischem Akzent sprechen, werden in València als Churros bezeichnet.

Die Strecke ist 18 km lang und sehr einfach, da sie ganz flach ist. Sie beginnt am Anfang des Bulevard Nord an der Ausfahrt Barcelona und endet am Bahnhof von Puçol. Gegenwärtig fahren die Nahverkehrszüge nach Rafelbunyol durch diese Zone, eigentlich eine Verlängerung der U-Bahn, und die Fernzüge nach Barcelona.

Die Plattform ist ein planierter Weg, auf dem man sogar mit einem Rollstuhl fahren kann, unter Ausnahme eines 800 Meter langen Abschnitts zwischen Meliana und Albalat des Sorells.

Die Strecke führt durch die großen Erdmandelfelder von Alboraia, die beliebte Schlucht Carraixet und dann durch die Orangenhaine und Gärten von València, die von dem landwirtschaftlichen Reichtum des Stadtgebietes von València zeugen.

Besonders malerisch sind die Zone der alten Kartause Ara Christi, heute ein Veranstaltungszentrum für Hochzeiten und Kongresse sowie die Hügel von El Puig, wo Jakob I. der Rückeroberung von den Arabern in *Balansiya* (València) vorbereitete.

1 Erdmandelfelder von Alboraia
2 Schlucht Carraixet
3 Orangenbäume in La Pobla de Farnals
4 Kartause Ara Christi
5 Hügel von El Puig
6 Puçol

Tapas- und Aperitifroute

In València gibt es unzählige Lokale in allen Vierteln. Überall kann man sich hinsetzen und ein Bier oder einen Wein mit einer Tapa genießen. Es gibt Bocadillerias mit interessanten Sandwiches, Bierhäuser der verschiedenen Bierhersteller und Lokale mit Aperitifs und kleinen belegten Broten, so dass man nicht gleich ein ganzes Menü essen muss. Die beliebtesten Tapas sind Tintenfisch von der Grillplatte, frittierte Kalmaren, Esgarraet, gedünstete Miesmuscheln, Stockfischklöße, Schnecken, Plattmuscheln, Patatas Bravas. Einige der traditionellen Lokale: Tasca Ángel (Estamenyeria Vella, 2), La Pilareta (Moro Zeit, 13), Taberna Vasca Ché (Avinguda del Regne de València, 9), Maipi (Mestre Josep Serrano, 1), Bodega Montaña (Josep Benlliure, 69).

Wermut

València für Läufer

Es gibt traditionelle Volksläufe (Sant Silvestre an Weihnachten) und zahlreiche *Voltes a peu* (Runden zu Fuß) in den Stadtvierteln. So ist der Laufsport in den letzten Jahren durch die Initiative der Sociedad Deportiva Correcaminos und des Rathauses von València so beliebt geworden, dass die Stadt im November die europäische Hauptstadt des Running wird. An diesem Marathon nehmen ung. 30 000 Sportler auf drei verschiedenen Strecken teil (30, 20 und 10 Kilometer). Es ist ein internationales Ereignis mit Teilnehmern aus ung. 60 Ländern, vor allem aus Italien und Holland. Die offene Strecke im Park Jardins del Túria mobilisiert hunderte von Läufern, ebenso wie die Strecken an der Seepromenade und am Hafen. Es sind flache Strecken ohne das Risiko von Regen und Kälte.

Park Jardins del Túria

València mit Kindern

In dem Park Jardins del Túria gibt es drei Zonen für Kinder. Im Parc de Capçalera kann man die Tiere des Bioparc besuchen und auf dem See Boot fahren. Vor dem L'Oceanogràfic erwartet der Riese Gulliver, der auf dem alten Flussbett liegt, die Kinder. Es handelt sich um eine riesige Figur (67 Meter lang und 9 Meter hoch) des Gulliver von Jonathan Swift. Die Falten in seinen Kleidern sind riesige Rutschen. Und im großen Wasserpark gibt es das Delfinarium, Weißwale und Pinguine, an denen Kinder viel Freude haben. Man kann auch auf dem See von L'Albufera Boot fahren. In den Parkanlagen Doctor Waksman und Germans Maristes spielt man mit Schneewittchen und Mortadelo und Filemón (Clever und Smart).

Park Gulliver